社交电商
生态思维

石树元 ◎ 主编

华文出版社
SINO-CULTURE PRESS

图书在版编目（CIP）数据

社交电商·生态思维 / 石树元主编. -- 北京：华文出版社，2019.1

ISBN 978-7-5075-5051-1

Ⅰ.①社… Ⅱ.①石… Ⅲ.①网络营销 Ⅳ.①F713.365.2

中国版本图书馆CIP数据核字（2018）第291319号

社交电商·生态思维
SHEJIAO DIANSHANG·SHENGTAI SIWEI

主　　编：	石树元
出版策划：	兴盛乐
责任编辑：	张　轶
出版发行：	华文出版社
社　　址：	北京市西城区广外大街305号8区2号楼
邮政编码：	100055
网　　址：	http://www.hwcbs.com.cn
电　　话：	总编室 010-58336239　　发行部 010-58336267　58336238
	责任编辑 010-58336197
经　　销：	新华书店
印　　刷：	北京中振源印务有限公司
开　　本：	710×960　1/16
印　　张：	16
字　　数：	211千字
版　　次：	2019年1月第1版
印　　次：	2019年1月第1次印刷
书　　号：	ISBN 978-7-5075-5051-1
定　　价：	79.00元

版权所有　侵权必究

改革开放40年,我国经济发生了翻天覆地的变化,取得了举世瞩目的成就,人民生活水平大幅度提升,经济总量超过日本,排在世界第二位,人均年收入约9000美元,人民享受到了改革开放的成果。

但是贫富悬殊,城乡差距加大,沿海开放城市和内地城市、东部与中西部经济发展差距加大。同时,经济快速发展,导致资源被过度开发、环境受到污染。

贫富差距和生态恶化成为突出问题。幸运的是,这些年我所从事的工作恰好与这两大难题相关。

离开福建省政府实职岗位后,我即赴京任中国扶贫开发协会执行副会长,直接参加到扶贫工作中。我参加了全国政协组织的三次革命老区、贫困地区调研活动,下乡考察的足迹遍布祖国山山水水。

作为第九届至第十一届全国政协委员,我对国家扶贫工作提交过多份提案,曾建议扶贫工作进行两大战略转移,一是从输血式扶贫向造血式扶贫转移,二是从救灾救济式扶贫向产业扶贫转移。按习总书记的指示来说,"授人以鱼"固然不错,"授人以渔"更加重要。

习总书记指出:"生态环境特别是大气、水、土壤污染,已成为全国建设小康社会突出短板。"各类环境污染呈高发态势,成为民生之患、民心之痛。习总书记还指出:"环境就是民生,青山就是美丽,蓝天就是幸福,绿水青山就是金山银山,保护环境就是保护生产力,改善环境就是发展生产力。"

我曾在习总书记手下工作过,对此深有体会。习总书记心系百姓,关心子孙后代的幸福,担任党和国家领导人后,把生态文明建设和扶贫济困升格为国家战略,"建设生态文明,关系人民福祉,关乎民族未来","生态环境保护是功在当代、利在千秋的事业"。

在2018年5月全国生态环境保护大会上,习总书记指出,生态文明建设是关系中华民族永续发展的根本大计,生态环境是关系党的使命宗旨的重大政治问题。生态产业不仅需要各级政府不断增加投入,更需要广大社会资本的积极参与。

中国投资协会生态产业投资专业委员会的成立,旨在引导社会资本和金融资本进入生态产业领域,解决产业企业融资渠道单一、融资难、融资贵的问题,促进环保、节能、清洁能源等领域的技术进步和成果转化,推动生态产业企业做大做强,搭建平台、促进企业的资本链接,同时通过技术介入提高生产效率,为全面推动生态文明建设、实现可持续发展发挥作用。

中国投资协会生态产业投资专业委员会副会长单位推出《社交电商·生态思维》一书非常及时,是顺应时代发展的产物。生态产业同样可以利用社交电商。电商行业甚至整个互联网行业的从业人员都需要了解生态产业,生态产业行业的广大人员也需要学习社交电商。

近年来,随着互联网的普及和农村基础设施的逐步完善,我国农村电子商务发展迅猛,交易量持续高速增长,已成为农村转变经济发展方式、优化产业结构、促进商贸流通、带动创新就业、增加农民收入的重要动力。观念先飞,思想先行,敢想敢干,才有可能加快发展步伐,这本书反复强调了改变思维的重要性。现在已经进入移动互联网时代,社交电商是新鲜事物,是扶贫工作可以"授人以渔"的"渔",从"电商扶贫"到"社交电商扶贫",扶贫工作将更精准更有效。

《社交电商·生态思维》结构完整,内容丰富。本书由浅入深,首先追溯历史,洞察现状,发现趋势,然后抓住社交电商的流量本质,具体剖析各个平台,给出实用的操作手法,有理论,有实践,读后使人深受启发,希望广大读者也能从中受益。

中国投资协会生态产业投资专业委员会会长　林嘉騋

2018年9月30日

作者简介

石树元，曾用名石强，众创指购创始人，中国投资协会生态产业投资专业委员会副会长，泉州市"五一"劳动模范，十五年IT行业老兵。对于门户网站、电子商务、社交电商有丰富的实战经验。结合多年来对行业的理解，用资本市场逆向思维创办众创指购，用股权激励方式让广大人民群众的个人注册数据、消费数据、推广数据和供应商的商贸数据增值，一起享受资本市场的红利。

目录
CONTENTS

第一部分　机　遇

一、错过社交电商，就错过一个时代 / 003

1.鉴往知来：零售业渠道的变迁 / 005

2.穷根究底：社交电商到底是什么 / 012

3.不忘初心：社交电商的本质是零售 / 014

第二部分　趋　势

二、揭开微商行业的皇帝新衣 / 021

1.微商跟社交电商，到底是啥关系？ / 023

2.微商乱象，层出不穷 / 027

3.微商已经进入下半场 / 030

三、传统企业转型之痛 / 035

1.渠道变革：不转是等死，转型可能是找死 / 037

2.新零售，也要有新思维 / 039

3.垂直品类平台：趴在玻璃上的苍蝇，有光明没有前途 / 042

4.你的实力绕不过iOS、Android / 046

第三部分　流　量

四、一切生意的本质都是流量 / 051

1.线下流量是一个被低估的价值洼地 / 053

2.几个线下流量实战案例 / 054

五、人人都是自媒体，人人都是卖家 / 061

1.什么是自媒体？ / 063

2.自媒体运营要从零学起 / 068

3.靠谱的自媒体平台有哪些？ / 069

4.自媒体人如何寻找热点素材？ / 080

5.让阅读量翻倍的标题秘籍 / 081

6.自媒体文章的标题，有什么不一样？ / 083

7."10万+"标题有什么套路？ / 084

8.如何写好文章开头？ / 091

9.如何提高文章在自媒体平台上的推荐量？ / 094

10.如何利用搜狐号引流？ / 096

11.自媒体最好的变现方式是什么？ / 097

六、腾讯：社交领域的王者 / 101

1.腾讯是社交电商的主战场 / 103

2.微商高手的23种加人方法 / 104

3.微信"营销号"判定标准 / 111

4.微信公众号增粉的常规免费推广方式 / 113

5.公众号追热点的正确姿势是怎样的？ / 118

6.企鹅号的运营方法 / 120

7.如何利用小程序引爆社交电商？ / 122

目 录

七、百度：不止是搜索 / 127

1.如何利用百度百科引流？ / 129

2.百度贴吧快速通过攻略 / 131

3.百度知道快速通过攻略 / 133

4.如何用百度文库引流？ / 134

5.如何玩转百家号？ / 137

八、阿里：流量虽大，却不一定属于你 / 143

1.淘宝的客户数据可能只是一场空 / 145

2.私域流量成了传统电商的救命稻草？ / 146

3.如何利用微博引流？ / 147

九、今日头条：一个横空出世的流量帝国 / 151

1.今日头条是如何崛起的？ / 153

2.如何玩转头条号？ / 155

3."毁掉无数年轻人"的抖音，聚集着巨大流量 / 162

4.如何玩转悟空问答？ / 167

十、垂直App也是不可忽视的流量池 / 171

1.58同城引流方法详解 / 173

2.陌陌养号和引流攻略 / 175

3.如何用探探引流？ / 177

4.如何用闲鱼引流？ / 178

5.如何用转转卖货？ / 180

第四部分 运 营

十一、活动运营 / 185

1.用户心里究竟在想什么？ / 187

2.满足用户的心理，用户才会分享你的活动 / 190

3.进行活动转化要有针对性 / 193

4.如何提升线上活动参与度？ / 195

十二、用户运营 / 199

1.什么是用户运营？ / 201

2.用户运营的实质是什么？ / 202

3.每个人都在做用户运营 / 203

十三、社群运营 / 205

1.社群时代，不是你圈人，就是人圈你 / 207

2.如何策划你的粉丝社群？ / 208

3.如何推广你的社群？ / 211

4.如何维持社群的活跃度？ / 213

十四、社交电商引领大众创业 / 215

1.改变思维，拆掉脑子里的"墙" / 217

2.生态产业如何利用社交电商？ / 221

3.赚钱的最高境界就是分钱 / 228

4.众创指购部分合伙人寄语 / 238

参考资料 / 245

第一部分

机 遇

一、错过社交电商,就错过一个时代

如果你因错过太阳而流泪,那么你也将错过群星。

——泰戈尔

1. 鉴往知来：零售业渠道的变迁

（1）商业和零售

商业是人类社会发展到一定阶段的产物。专门从事商业的人，叫作商人。在我国历史上，"商人"原本是一个民族，他们经常到周边民族地区互换农贸产品，因此，在外族人心目中，做买卖的就是商族人，后来，"商人"就成了买卖人的代称。

商人又分两种："商"和"贾"。做贩运贸易的叫作"商"，做售货物的叫作"贾"，即所谓"行曰商，处曰贾"。春秋时期，商人已经是一种专门的职业。

长期以来，零售一直是商业活动的重要组成部分，甚至是主要的商业活动。

现今，零售这一概念可定义为：向最终消费者个人或社会集团出售生活消费品及相关服务，以供其最终消费之用的全部活动。

简而言之，零售就是卖给最终消费者。

（2）零售业的四次革命

零售是一个古老的行业，可以追溯到我国的商朝（商朝是商族人建立的朝代）。但是，自19世纪中叶开始，世界零售史上爆发的四次革命，均兴起于西方国家。

这四次革命分别是百货商店、连锁商店、超级市场和无店铺销售。

①零售业第一次革命：百货商店。

1852年，在法国巴黎，有一个名叫阿里斯蒂德·布西科的年轻人。他虽然出身于制帽店主的家庭，但敏锐地感觉到了新的商机，他以新的商业模式为购物者提供更多元的选择，开办了一家名叫"Bon Marché"（博马尔谢）的百货商店，这一举动无意间开启了零售业的第一次革命。

"Bon Marché"一词在法文中的含义是廉价市场。博马尔谢百货商店改变了传统的"作坊式"零售模式，其最突出的特点就是价格固定，薄利多销。

布西科与妻子玛格丽特共同努力，将传统的店铺改造成在同一家商店内销售各种丰富商品的"百货公司"，顾客在这里可以自由来去，随意闲逛，而不用担心受到店员的干扰。

在当时，这是具有革命性视野的改革，是一种全新的商业模式，很快就成了全世界争相效仿的对象。

但是，百货商店的发展并没有传承其初创者的"廉价逻辑"，因为其后出现了超市等大众化业态，百货业不得不面向中高档消费群体，商品档次也相应提升。

秋林洋行是我国第一家百货商店，1900年在哈尔滨由俄国人开设，至今仍在营业。百货商店在我国传统零售业历史上，曾经长期占据主导地位。

20世纪90年代初，全国各地掀起了"商厦热"，很多城市出现了"百货大楼""人民商场"，商业街上一度车水马龙、川流不息，这些情景成为了人们对改革开放初期市场繁荣景象的共同回忆。

②零售业第二次革命：连锁商店。

百货商店出现后不久，美国人就发明了一种可以快速复制零售店铺的经营模式，这就是"连锁商店"。

1859年，在美国纽约，来自缅因州的两个小伙伴乔治·吉尔曼和乔治·亨廷顿·哈特福德创办了大西洋和太平洋茶叶公司（简称A&P）。A&P是美国第一家连锁店，并因此闻名于世。

A&P公司在成立之初只是纽约市一个小型连锁零售茶水和咖啡专卖店，1878年则增长到70家门店。到19世纪后期，A&P成为美国第一家百货连锁店，1930年成为世界上最大的零售商。

连锁商店的出现改变了商业组织的形式，即由单体店向组合店方向发展，通过建立大规模销售体系，实现规模效益。

20世纪50年代以后，连锁商店高速发展。

20世纪80年代末，我国引入连锁机制，当时主要应用于超级市场，后来发展到其他零售业态。

③零售业第三次革命：超级市场。

超级市场，现在俗称"超市"，是美国人的一大发明。1930年8月，还是在纽约，迈克尔·卡伦（Michael Cullen）开办了世界上第一家超市——金·库仑联合商店（King Kullen）。

超市的出现被誉为"零售业的革命"。当时的美国已进入汽车社会，居民家中的大容量冰箱为一次性购买大量食品提供了条件。自助购物的方式给顾客带来了便利，"薄利多销"的促销策略从经济利益上诱导顾客大量购物。

在超市的发展过程中，出现了综合超市、便利商店、社区超市、折扣商店等多种零售业态。

我国是较迟引入超市的国家之一。笔者在家乡偏僻的县城读高中时，英语老师提及国外有"超级市场"，使用了非常重的语调强调"超级"二字，并栩栩如生地将超市描述为"进去随便拿，出门再付钱"，使人感到十分神奇。

直到20世纪80年代中期，我国才引入了超市业态。1991年，上海内外联综合商社创办"联华超市",标志着我国零售业进入了一个新的发展阶段。20世纪90年代,外资超市如法国的家乐福也开始进驻中国,超市从大城市向小城市逐渐渗透,到21世纪初期,即使在小县城里也已经能够频繁看见"超市"的招牌。

④零售业第四次革命:无店铺销售。

所谓无店铺销售,是指不经过门店而直接向顾客推销商品或由顾客自动选购商品的销售方式。

其实,无店铺销售历史久远。中国古代的"行商",即是无店铺销售。近代,在农村,货郎摇着拨浪鼓的卖货行为也属于无店铺销售,但由于未成规模,不是主流,跟西方兴起的无店铺销售不可同日而语。

当今盛行的电商,基本上都是无店铺销售。但早在互联网发明之前,无店铺销售即已盛行。

1871年,美国蒙特马利百货公司开始经营通讯销售,以后大型百货公司陆续开展此项业务。通讯销售的实质,是利用邮政通讯完成商品广告、订货、配送、收款等销售流程。

由于科技的发展,在邮政通讯的基础上又出现了三种通讯销售的形式:电话销售、电视销售、电子化销售。电子化销售后来发展成为如今的网络销售。

1929年,美国将无店铺销售分为通讯销售、自动售货机销售和访问销售。

无店铺销售对零售业影响巨大,这种业态能够极大地减少中间环节,节约销售成本,改变购物方式和支付方式,今天已经在与有店铺销售的竞争中占了上风。

(3)我国零售业的演进

观察零售业演进的动因,我们会发现,消费升级与技术变革对零售业演进的影响越来越大。我国零售业虽然拥有长达三四千年的历史，但却长期停滞不前，直到最近30年才奋起直追，走完了西方国家160年的发展历程。

从凭票证购买的"三尺柜台"，到开架自选的"超级市场"，从城市中心的百货大楼，到星罗棋布的购物中心，中国零售业呈现出前所未有的繁荣景象。

改革开放之前，所谓的销售渠道就是百货一级站和二级站。百货站负责包销工厂生产出来的商品。当时的生活资料还很匮乏，工厂根本就不愁产品的销售情况，百货站也在计划经济中过得有滋有味。

改革开放后，消费者的物质需求极大提升，而1992年之后逐步放开外资对零售行业的投资政策，更是促进了中国零售业的发展。

1987年1月1日，国美电器在北京创立了第一家以经营各类家用电器为主的小店，店面不足100平方米。

1989年，屈臣氏药房在中国大陆重新开业。

1990年12月26日，苏宁电器开始创业。

1995年，家乐福进入中国，在北京开设了第一家大卖场。1996年，家乐福成功进入上海和深圳。

1996年，沃尔玛进入中国，在深圳开设了第一家沃尔玛购物广场和山姆会员店。

近年来，由于网络零售的发展，电商与店商一方面互相竞争，另一方面相互促进，两线融合的全渠道零售也得到了发展，新模式、新业态、新技术快速复制并应用，我国零售业呈现出复苏与新的繁荣景象。

近年来，媒体频频炒作"新零售"一词，笔者认为，日光之下无新事，"新零售"这个概念是相对的，是动态变化的。超市出现的时候，它不是新零售吗？大型购物中心出现的时候，它不属于新零售吗？

在本书中，笔者没有跟风追逐热点，而是着眼于为读者提供长期有价值的信息。笔者希望，当你把这本书读了一遍束之高阁后，偶尔还能回头再翻一翻。甚至十年之后，你还会觉得这本书有一点儿用处。

（4）电子商务的起源

电子商务由来已久。

1939年，电报刚出现的时候，人们就开始了对应用电子手段进行商务活动的讨论。当贸易开始以莫尔斯码点和线的形式在电话中传输的时候，就标志着运用电子手段进行商务活动的新纪元开始了。

电子商务的形成，大致经历了三个阶段。

第一阶段：20世纪50年代中期，美国出现了"商务电子化"的概念，当时是指利用电子数据处理设备使簿记工作自动化。

1964年，IBM公司研制出了用磁带存储数据的打印机，第一次在办公室中引入商业文书处理的概念，1969年又研制出磁卡打印机。到20世纪70年代中期，工业化国家已经普遍采用复印机、文字处理机、传真机、专用交换机等商业电子化设备，实现了单项商业业务的电子化。

第二阶段：20世纪70年代，随着微电子技术的发展，特别是个人计算机的出现，商业电子化进入了以应用微型计算机、文字处理和局域网络为特征的新阶段，以计算机、网络通信和数据标准为框架的电子商业系统应运而生。

电子商业系统把分散在各商业领域的计算机系统连接成计算机局域网络。在此阶段通常采用电子文档、电子报表、电子邮件等新技术和功能强大的商业电子化设备。

第三阶段：从20世纪80年代后期开始，商业电子化向建立商业综合业务等数字网的方向发展。在此阶段出现了功能强大的电子商业软件包、多功能电子商业工作站和各种联机电子商业设备，如电子白板、智能传真机、智能复印机、电子照排及印刷设备、复合电子文件系统等。

随着电子通信标准的研究、电子数据系统的开发以及计算机开始运用于商业数据的收集、处理，电子商务时代真正来临了。

（5）什么是电子商务？

电子商务，简称为电商。这个概念的形成，是由于新技术媒介的出现和利用。

电子商务，有广义和狭义之分。

广义的电子商务（Electronic Business），是指使用各种电子工具从事商务活动。Business的意思是业务、工作或交易活动，其概念比较宽泛，所涉及的业务范围包括个人、企业、团体、组织等。

狭义的电子商务（Electronic Commerce），主要是利用互联网从事商务或活动，本书所探讨的社交电商，即属于狭义的电子商务。Commerce的意思是商务，指商品买卖或者贸易生产。

现今，无论是广义的还是狭义的电子商务，都离不开互联网。

我国政府对电子商务相当重视，并且多次给出了定义。

国务院信息化工作办公室在2007年12月提交的《中国电子商务发展指标体系研究》中，将电子商务定义为：通过以互联网为主的各种计算机网络所进行的、以签订电子合同（订单）为各种类型的商业交易。

商务部在2009年4月发布的《电子商务模式规范》中对电子商务的定义是：依托网络进行货物贸易和服务交易，并提供相关服务的商业形态。

各国政府、学者、企业界人士根据自己所处的地位和对电子商务参与的角度和程度的不同，给出了许多不同的定义。

按照交易对象，电子商务分为：ABC、B2B、B2C、C2C、B2M、M2C、B2A（即B2G）、C2A（即C2G）、O2O等。

其中的ABC等字母都是英文单词的缩写，2代表介词to。笔者曾经见过有人将B2B读作"必二必"，将O2O读作"零贰零"，真是贻笑大方。

电子商务的交易对象有代理商（Agent）、商家（Business）、消费者（Consumer）等。

企业对企业（Business to Business）即为B2B，企业对消费者（Business to Consumer）即B2C，个人对消费者（Consumer to Consumer）即C2C，线上对线下（Online to Offline）即O2O，企业对经营者（Business to Manager）即B2M，企业对政府（Business to Government）即B2G，企业、消费者、代理商三者相互转化为ABC。

2. 穷根究底：社交电商到底是什么

在本书第一章，对历史进行一个简单的梳理，意在帮助读者从更宏观的角度认识这个出现于21世纪初的新鲜事物。从商业到零售，再到电商，行文至此，我们终于要揭开社交电商的真面目了。

社交电商是在互联网发展到移动互联网阶段崛起的，是移动社交时代的电商变革。

什么是社交电商？

社交电商，全称社交电子商务（Social Commerce），是指基于人际关系网络，利用社交网站、SNS、微博、社交媒介、网络媒介等多种传播渠道，借助社交互动、用户自生内容（UGC）等手段等进行品牌或产品推广，促进用户购买商品，同时将关注、分享、互动等社交化的元素应用于交易过程之中，实现更有效的流量转化和商品销售的电子商务新模式。

简单地说，就是在互联网上，通过社交关系进行电子商务活动。

在传统网络时代，PC端是电商交易的主导入口，此时为电商1.0时代。进入移动互联网时代，人们随身携带微信、QQ、微博等社交及媒体工具，而且随时都可能打开，移动端应用成为消费者连接电商平台的主要通道，通过社交关系进行交易，成为人们的新选择，于是进入到电商2.0时代。

天时，地利，人和。社交电商的兴起，是在多种因素相互作用下发生的。

首先是人的因素。

如今的消费者越来越重视自身的个性化需求，用户时间愈加分散，并越来越关注场景化体验。在消费升级大环境下，进入了以消费者为中心的时代，搜索购物模式逐渐演变成发现式消费，流量呈现出去中心化的趋势。

人们的时间普遍碎片化，平时被各种新闻、视频、游戏等应用占据，同时消费过程中的信息传播、交互方式、应用场景与营销形式更加多元化。消费者购物习惯已经改变，人们越来越愿意在移动端完成购物。

与此同时，主流电商发展已经进入瓶颈期，电商平台对商家的控制作用降低。对商家来说，流量越来越贵，运营成本与获客成本越来越高，流量转化率整体走低，电商生存环境恶劣。传统电商平台的盈利模式和搜索货架模式，使得卖家的竞争要素成本不断上升，利润越来越低。

在这种趋势下，移动电商通过向消费者提供多元化流量入口、采用场景化营销策略、在运营过程中添加社交元素等方式来增加消费者黏度。经过长期运营逐渐形成良好的品牌效应，最终实现商业转化，并积累自己的长期用户。

再看平台。

凭借微信，腾讯公司获取了移动互联网时代的一张船票。自2011年发布第一个版本，微信异军突起，迅速成为中国最大的社交平台。甚至可以夸张地说，移动互联网就是微信互联网。在本书写作的2018年，还看不到任何产品显露出颠覆微信的迹象。

大量用户每天在微信上投入大量时间，已经成为这个时代的一个特征。

在这种环境中，社交分享成为推动电商快速增长的重要力量。从朋友圈、微信公众号到小程序，微信不断分配着更多流量，也释放着更多购买力。

随着互联网与移动社交媒体技术的发展，供应链与支付环节日渐完善，为社交电商的崛起提供了必要条件。

再看政策。

2015年11月，国家工商行政管理总局发布《关于加强网络市场监管的意见》，首次将社交电商纳入监管范围。2016年12月出台的《电子商务"十三五"发展规划》，明确提出要正确倡导社交电商发展，鼓励社交网络发挥内容创意且用户关系的优势，建立连接电子商务的运行模式，为消费者提供个性化电子商务服务，刺激网络消费实现增长。2018年8月31日，《中华人民共和国电子商务法》发布，为社交电商健康发展提供了进一步的保障。

以上种种，为社交电商的爆炸式发展带来了前所未有的机遇。

3. 不忘初心：社交电商的本质是零售

传统电商的核心是商品和供应链，社交电商则更强调以"人"为核心，利用社交工具与移动应用更直接地连接人和商品。社交电商的本质是社会化零售。

社交电商既属于电商，又是一个全新的物种，以往传统的游戏规则不再适用了。社交电商将商品、信息和用户三者真正连接起来，让电商销售终端无处不在，连通消费者生活的所有角落。

（1）社交电商的主要类别

目前，社交电商主要可分为以下几类。

①传统微商。

传统微商可以称为社交电商1.0，是较早时期的社交电商。关于微商，本书第二章将进行更深入的探讨。

微商的主要特征是，以单品牌少量属性切入，用线下传统分销结构在线上分销商品，即将"个体自然人"代替"传统实体渠道各层级分销商"。

微商是一种基于社会关系网络的商业模式，追求的是变现和盈利。微商加上好友以后，利用朋友圈和私信，不断地在对方面前展现产品，刺激顾客需求，对于大多数移动互联网的新用户，这种广告很有效。所以，微商在短时期内创造了很多所谓的"奇迹"，比如出现众多微商品牌，成就了月赚几十万的居家妇女，等等。但由于假冒伪劣产品泛滥，以及多层级分销囤货严重，微商在2014年遭遇断崖式下跌。

②社交内容电商。

内容电商主要是以个人为中心，通过流量较大的社交工具（直播、微博、公众号等），基于产品创作有一定价值的内容，吸引消费者购买产品，从而实现销售的转化变现。

③社交分享电商。

平台通过利益机制设置，鼓励用户利用社交工具（微信、QQ、微博等）进行分享、传播，个人成为商品的推广者，使传播者在传播链条中都能获得激励。

由于利益的激励，分享电商能够极大程度地降低流量成本，迅速实现流量几何级增长，从而快速实现销售增长。

④社交零售电商。

社交零售平台通过整合供应链上的商家成立线上商城，通过个人招募进行推广，每一个传播节点都能使平台和推广人获得最大收益。这类模式一般整合供应链多元品类及品牌，开发线上分销商城，招募大量个人店主，实行一件代发。

相对于前文提及的内容电商，社交零售型电商平台的典型特征是零售去中心化。

（2）社交零售电商平台的主要模式

社交零售电商平台从平台运营、产品结构等维度也可细分出几种不同的模式。

从运营维度上可分为：

A. 100%自营型社交零售平台。

B. 开放型社交零售平台（纯第三方入驻货源）。

C. 混合型社交零售平台（既有自营，又有第三方入驻货源）。

从货品维度分为：

A. 跨境商品社交零售平台。

B. 综合商品社交零售平台（跨境+国产）。

C. 国产商品社交零售平台。

社交零售并非中心化的零售平台型生意，而是去中心化的零售渠道生意。

跟传统线下实体零售一样，社交零售的基本盈利点仍然是商品的渠道分销利润。只不过线下是实体店面作为渠道载体，而社交零售是以个体自然人作为渠道载体，而且用互联网技术升级了渠道运营系统，提升了渠道运营效率。

所以，从这个层面上来讲，它是一种非常先进的商业模式。

（3）社交电商的主要优势

社交电商之所以兴起，是因其与传统电商相比有三大优势：

首先，运营效率较高。摆脱过去"中心化"的电商平台，社交电商促进了人和人的沟通，个人影响力的传播速度更快，传播面更广。哪里有社交，哪里就会有交易，大大节省了时间、人力与推广方面的成本。

其次，社交电商的推广快速即时。人与人之间的信任是社交的核心，有了信任才会交易，有好的商品才能维持信任，进而持续销售商品。社交电商的购物圈沿着社交工具中熟人关系链拓展，由此可以实现购物信息即时推广，并能够把影响客户的周期从几秒延长到几天甚至几个月，甚至还有多次影响和持续销售的机会，从而与客户进行更为良好的互动，提升转化率，实现用户的"裂变式"扩张，并带来更多的流量。

第三，社交电商平台功能更齐全。社交电商平台集电商、社交、支付等功能于一身。通过社交场景的应用，更容易将用户引导到电商平台进行消费与购物，大大节约获客成本，还能够显著提升用户的购物体验，增加消费乐趣。

最后，社交电商体现了分享经济的理念。分享经济是指将闲置资源通过社会化平台与他人分享，进而获得收入的经济现象。社交电商很好地体现了移动互联网时代分享经济的精髓。社交电商不仅仅是人与人的简单聚集，更重要的是强调服务、信息以及内容的整合输出。社交电商运营的落脚点在于朋友之间分享，而要达到让人分享的目的，势必需要用最投入的匠心去做好每一个细节。只有好东西，人们才乐于去分享；只有不断地分享，才会不断产生利润的分配点，这也是移动社交电商发展的根本所在。

总结来说，社交电商是未来的发展趋势，这种获取流量的新方式将成为主流，但归根结底，社交只是一种手段，货品和服务才是根本，社交电商最后还是要回归到零售的本质，强调卖货思维。只有好产品才能在社交关系链上流动，而这是社交电商平台可持续发展的核心。

第二部分

趋　势

二、揭开微商行业的皇帝新衣

> "可是他什么衣服也没穿呀!"一个小孩子最后叫了出来。
>
> ——安徒生童话《皇帝的新装》

第二部分 趋 势

1. 微商跟社交电商，到底是啥关系？

顾名思义，微商是因微信而产生的。

2011年1月21日，是中国互联网历史上一个值得纪念的日子。这一天，腾讯公司由张小龙带领的广州研发中心产品团队悄悄地推出了一个免费应用程序，它可以为智能终端提供即时通讯服务，这个程序名叫微信。

■ 广州微信总部

自诞生之日起，微信就不断迭代。2012年，微信更新到4.0版本，出现了朋友圈。那时淘宝电商还很火热，很多人在微博上宣传推广，引导用户转到淘宝成交。由于微博沟通不便，于是留下自己的微信号，渐渐演变为直接在朋友圈发布产品信息，这就是微商的起源。

■ 微信在第一款小游戏"跳一跳"中特意设置了"433天"的盒子

后来,微信越来越流行,成了每部智能手机必备的App。2012年3月29日,微信用户数仅用433天就突破了1亿大关。

2013年10月24日,微信的用户数量超过6亿,每日活跃用户1亿。到了2018年,微信已经坐拥10亿月活跃用户。

人们发现可以在自己的朋友圈里发图片卖东西,让工厂直接发货给消费者,不用囤货,无须资金就能赚钱。有一些卖家在微信快速发展的阶段,充分抓住了其流量成本低、传播互动性强和社交链广等优势,将生意迅速做大,于是产生了强大的示范效应,让更多的人和企业看到了一种全新的商业模式,于是这种进入门槛极低、利用碎片时间刷刷朋友圈就可以赚到钱的方式引发了全民疯狂,微商群体迅速扩大。

微商甚至还有专有的英文名词即WeChat Business,虽然后来广义的微商也包括了通过QQ等其他聊天工具成交的个人电子商务。

什么是微商?我们虽然见过很多微商,却很难给出一个权威的定义。应该明确的是,微商并不是微信电商所能概括的,它是伴随着微信、微博等社会化媒体的兴起而发展起来的一种新型电商模式。

从一个微商从业者的角度来看,微商的发展大致经历了三个阶段。

首先是"自媒体"时代。微信等移动互联网社交工具的出现,极大降低了普通用户使用互联网的门槛。每一个网民不再只是接受信息,他们都能发布信息,人人都成了自媒体,在朋友圈发布动态是每个人都能完成的内容生产。

其次是"自明星"时代。起初的新鲜感褪去之后，仅仅发朋友圈已经不吸引人了，于是有些聪明人开始有意识地打造个人IP，将自己包装成朋友圈里的明星。明星对粉丝的号召力，远远超过一个普通人对陌生人的影响力。抓住粉丝经济的潮流，将自己打造成明星，微商大获其利。

■ 朋友圈

然后是"自品牌"时代。为了进一步提高粉丝对产品的信任度，不少微商自创品牌。他们背后或有高人指点，或绞尽脑汁，取一个亦中亦洋的名字，编造一个娓娓动听的故事，制造一个引人入胜的梦想，吸引更多人消费或加盟。

短短几年，微商行业确实出现了不少创富神话。通过做微商，穷苦村姑开上了宝马，工地小伙买了别墅，微商在朋友圈炫富也不都是夸大其词。微商的模式曾经让保健品、面膜和女性日化等产品和品类成为现象级，有些品牌用微商模式完成了极大的财富积累和代理商积累后，迅速洗白并从良，让自己按照正统化妆品的玩法成功上岸。

微商跟社交电商是什么关系？

微商是社交电商的一部分，也是社交电商发展的一个阶段。正是由于众多微商杂牌军的存在，才引起大众和资本的注意，大批正规军涌入社交电商的主战场。

微商不等于移动社交电商，甚至也不等于微信电商。微商只是社交电商的一种，是在移动互联网发展时期对社交电商探索的初级阶段。

很多微商做着做着，就变了味道，甚至走上传销的道路。微商大多产品品牌单一，甚至只有一个单品，而这个单品的消费频次又不高，没有复购，往往导致产品都存货在了渠道中，品牌商压货一级代理商，一级代理商再压货给自己的下线，层层往下压货，但真正销量没有到达终端客户那里。此时大家已经不努力通过卖货赚取差价利润，而是通过发展线下代理来吃返佣，所以进入恶性循环。

为了追求更大的利益，微商不是聚焦于如何卖出产品，而是极力怂恿代理人发展更多的下线，代理人的收益主要来自下级代理的订单，通过不同的代理层级之间的折扣差价以及代理压货的提成，获取最大利益。至于下级代理商是否能够将产品卖出去给实际使用的消费者，他们毫不关心。

至于产品质量如何，他们就更不关心了。很多产品都是根据市场热点，迅速策划一个爆品，然后由工厂进行代工生产。由于微商普遍对价格敏感，因此这类产品一般价格很低，产品质量被压缩，很多产品往往都只有三个月的寿命。

2015年5月，央视对微商涉嫌造假、传销进行了连续追踪报道，这是高速增长的微商迎来的一个重大转折点。自此，微商陷入舆论批评和负面报道的旋涡，难以自拔。同年，商务部下发《无店铺零售业经营管理办法（试行）（征求意见稿）》政策规范，紧接着一款名叫"借贷宝"的App以高额推广费为诱饵趁虚而入，卷走了大批微商，于是，大批微商团队的业绩出现断崖式下滑，团队分崩离析，很多品牌一夜之间灰飞烟灭。

以获取流量、追热点为目的的自媒体也对微商进行了疯狂的攻击。草根大V留几手写了一篇《谁买了朋友圈的面膜》，满足了广大网民对微商的鄙视以及智力优越感。另一篇广为传播的文章《淫乱的微商，谁来拯救那些"被绑架"的女孩！》，则满足了人们的偷窥欲以及道德优越感。从此，微商在人们心目中的形象被定位，难以翻转，一度成了负面词汇。

总而言之，微商和社交电商不是一回事，但是在微商的名声被搞臭之后，很多人换了个名号，打着社交电商的旗号，做的其实还是微商那一套。

社交电商发展到现在，已经与微商完全不同。

我们第一章已经谈过，社交电商的本质属性是零售，而微商只能勉强算作渠道。零售属性决定了社交电商的单品种类足够多，以用户的终极消费为核心进行选品，以抢夺现有的零售存量用户为主。

比如，微店、有赞等社交电商平台上的品类都是大众的零售产品，这些平台上的消费者其实是从淘宝、天猫、京东、唯品会等综合电商平台或者海淘平台分流过来的。

这些消费者经亲戚朋友或者同事的朋友圈推荐，很容易在他们的社交电商平台上购买产品，而且由于有社交信任的背书，很容易在零售中形成复购，甚至养成一定的购物习惯。

社交电商的运作，首先是零售，其次才是社交。所以，社交电商首先是要有好的产品，有性价比高的东西，没有好产品就不能实现变现的商业功能。

2. 微商乱象，层出不穷

自从微商诞生以来，在其各个环节乱象均层出不穷，被人诟病。

（1）惹人厌烦的刷屏

微商起源于微信朋友圈，目前的微商也主要依靠朋友圈获取流量，实现交易。微商几乎已经攻陷了每个人的朋友圈，一组组惊人的使用对比图、一张张微信聊天反馈、一笔笔转账截图，令人目不暇接。

对于不做微商的普通网友，几乎每一个人的朋友圈里都有一个甚至多个好友，不分昼夜地刷着九宫图，图上满满的"×××让你重现青春光彩""××减肥第一神药"……这些产品物不美价不廉，而微商又是基于社交关系的交易，极大地消耗了熟人之间建立起的信任。

盲目加粉和暴力刷屏，对用户形成了严重的干扰，现在大多数用户看到有人发此类信息，第一件去做的事情便是屏蔽或者拉黑此人。鱼香肉丝没有鱼，老婆饼里没有老婆，这都是正常的，但是朋友圈里没有朋友，却是微商造成的。

（2）产品质量难以保证，微商渠道几乎成为三无产品的温床

目前市面上在售的微商产品，绝大多数是消费者不了解不熟悉的品牌。由于缺乏有效监管，产品质量安全得不到保证，以假乱真、以次充好的现象严重。

笔者曾经随机口头调查了几个朋友：

"你会不会买微商的产品？"

"我永远不会买微商的产品。"

"为什么？"

"因为产品质量无法保证。"

在很多情况下，微商产品的质量确实难以保证，以假乱真、以次充好的现象严重。2015年，在微商界盛极一时的面膜被央视曝光，毒面膜事件轰动一时。其后，大量媒体曝光面膜多为杂牌，利润高达数十倍，更为重要的是存在严重的安全隐患，这让部分消费者有点儿"谈虎色变"。

大多数微商并没有完善的售后保障机制，难以为消费者提供良好的用户体验，而且在出现产品质量或者服务问题的时候，维权存在相当大的难度。

不能说微商卖的都是三无产品，但是三无产品在微商渠道难以得到监管和处罚，所以，微商容易变成三无产品的温床。

(3)洗脑式营销被人诟病,代理制度存在陷阱

"95后美女做微商3个月挣200万""靠父母你最多是公主,靠老公你最多是王妃,靠自己你就是女王",这些鸡汤式文案吸引了大量的"小白"(新代理)进入微商。为了吸引他们,微商往往会在朋友圈发布大量的支付宝或微信的转账截图,配以文字介绍说是销售额或是代理进货额,大量渴望经济独立的家庭妇女和大学生受不了快速发财的诱惑,纷纷掉入这种夸大宣传的高利润陷阱中。

其实,微商圈里月入10万或者20万并不是传说,但这种收入是靠不断向下发展代理向下压货得来的。涉嫌传销不说,一旦某个环节出了问题,整个体系就会崩塌。因为受不了急速发财的诱惑,做微商倾家荡产的人也不是少数,很多公司发生过跳楼事件。

大多数微商有代理分级制度,级别不同,拿货价格也不同,级别越高,进货价格越低,利润也越高。成为代理不一定要交代理费,但要购进一定金额的产品,一旦不能通过零售或者代理的渠道将产品转卖出去,积压的产品将会是一笔不小的损失。

层层分销机制下,微商逐渐脱离了商业的本质,他们不再依靠商品盈利,而是通过发展下线和向下压货来赚取利润。看到有机可乘,很多直销、传销及成功学培训人士也混入微商行列,引起大众反感。

(4)流水的品牌,铁打的微商大咖,大部分培训大师都是忽悠大师

微商小白囤了货,身上背负着沉重的压力,于是不断地交钱上课,寻求指引,但回头才发现,这并没有什么用,自己的业绩不见起色,而那些微商大咖长年累月混迹于各个论坛,谈笑风生,赚得盆满钵满。

如果要问那些微商大咖有没有实操经验,有些真的没有,但这并不妨

碍他们吹牛。你质疑他们，他们会辩解说，老鸨做得好，是不需要亲自接客的，老鸨不会接客，不见得不能把小姐调教得很好。

还有的大咖有过一两次辉煌的成功经验，无从考证，但这成了他们吹牛的资本，不断地吹嘘，名头越来越大，拿到的奖项越来越多，就是从来不干实事。

这些人为什么有市场呢？因为微商起盘造势需要他们，需要他们去忽悠微商小白。于是，他们互相利用，营造了热热闹闹的虚假繁荣景象。可怜的底层微商，一次次地被收割。

乱象丛生，微商何去何从？

3. 微商已经进入下半场

"微商已死！"

自2015年以来，自媒体经常对微商发出如此悲观或幸灾乐祸的论调。然而，几年之后，微商不但没有死，反而进入了相对稳定的阶段，不再大火大热，只是岁月静好。大众对朋友圈的微商习以为常，不再厌恶得咬牙切齿。

种种迹象表明，微商已经进入下半场。

在足球比赛中，很多教练会把球队的有生力量留在下半场，以便起到力挽狂澜或决定胜局的作用。在"微商的下半场"，这一招不是没有用，而是根本没有机会使出来。从足球比赛到互联网再到微商，"下半场"的概念截然不同。

在足球比赛中，下半场才能最终决定比赛的胜负。然而，互联网借用这个词之后，其含义已经发生了变化。

很多人都认为"互联网下半场"这个概念是美团的王兴首先提出的,其实早在2016年5月底,滴滴的程维在国家行政学院对全国干部讲话时,就提到"互联网时代上半场已结束,下半场还剩20年",而王兴两个月后才在内部讲话里提到"下半场"的概念。

在互联网的上半场,诞生了门户网站、搜索引擎、电商、即时通讯、游戏等企业,下半场则涌现出大量O2O企业,建立线下与线上的连接,比如连接出行服务的滴滴,连接餐饮等商家服务的饿了么。

江山代有才人出,各领风骚数百年。当年的四大门户新浪、搜狐、网易、腾讯,如今的体量可谓千差万别,新浪、搜狐的市值加起来都不如网易的零头,网易又是腾讯的一个零头。

互联网的上半场最终形成了BAT三巨头,百度连接了人与信息,阿里连接了人与商品,腾讯则连接了人与人。腾讯和阿里的市值2017年双双进入了全球互联网上市公司的前十名,百度却已经掉队了。

据艾瑞咨询发布的《2017年中国微商行业研究报告》显示,2016年中国微商行业市场交易规模为3287.7亿元。有人估算,2017年,微商从业人数已经达到3000万。

交易规模庞大,从业者人数众多,微商已经成为一股不可忽视的力量。虽然有些主流媒体、主流人群排斥微商,将微商视为洪水猛兽,但这样一个行业是不可能说死就死的。

过去几年,微商为了追求快速发展,不断透支熟人信任,透支消费者信任,一度形成"人人喊打"的局面。社会对微商的偏见、部分微商的不规范和不自律,促使这个行业到了必须调整或重新洗牌的阶段了。

不言而喻,微商早已过了蛮荒时代。门槛提高了,微商下半场的门票不好买了。而且,这张票不是有钱就能买到,必须在两方面做出改变,才有可能脱颖而出。

（1）变流量思维为粉丝思维

微商诞生于传统互联网向移动互联网过渡的阶段，微商下半场则完完全全航行在移动互联网的汪洋大海上。移动互联网究竟给我们带来了什么？是人与人之间无处不在、无时不在的大连接，这种互联的状态不仅改变了个体，也在悄然改变着我们原有的社会结构。

无处不在、无时不在的大连接，在最大程度上打破了信息壁垒，提升了信息的流转效率，更重要的是极大地降低了群体构建和沟通成本，而群体是构成社会的基本单元，这就有可能从根本上瓦解我们原有的社会结构。

对于企业来说，移动互联网不仅可以帮助它们直接触达消费者，改变了以往必须通过电视广告、报纸广告、地铁广告、互联网广告等方式才能获得消费者的状况。同时，群体构建成本的大幅下降使得企业可以真正拥有客户，构建社群，而在过去，企业与客户之间的关系基本上是割裂的，很多企业根本不知道谁看到了自己的广告，根本不知道谁买了自己的产品。在移动互联网时代，流量分发的价值在逐渐下降，社群经营的价值则在不断凸显，基于人而非流量，是移动互联网与互联网的最大区别。

从这个角度上来讲，微商是移动互联网快速发展下必然出现的一种商业形式，符合这一时代的基本发展规律。所以，微商这一模式在未来仍有前景，有可能长久存在下去。

但是，要想进入微商下半场，必须改变思维模式，变流量思维为粉丝。

流量思维，把重点都放在了流量的获取上，盲目加粉、暴力刷屏、层层分销等都是典型的体现，他们对微商的理解和传统的电商别无二致，本质上都是通过各种方式获取流量，期待能从中形成销售转化，这种模式下必然会导致我们上面描述的种种乱象。

粉丝思维则是通过自身的独特优势把自己打造成一个发光体，构建并经营社群。用户对这种微商是基于共同兴趣和爱好的主动式订阅，而微商则真正找到了自己的消费群体，做到了个性化营销，信息的分享将不再是暴力刷屏，而是完全植根于用户的需求。所谓微商网红化，其实是粉丝思维的一种直观表现。

在粉丝思维基础上进行社群化运作，应该是移动互联网时代微商的正确落地方式，这样也才能充分发挥移动互联网的最大价值。

不过需要指出的是，粉丝思维并不仅仅是营销的概念，微商也是"商"，同样要深入关注用户、货品、物流、售后等环节，用最好的货品满足用户的需求，用完善的供应链体系保障用户体验，解决用户交易的信任问题，一切商业都要最终落脚在为客户创造更多价值上。

（2）微商要回归商业的本质，规范发展

微商也是"商"，必须回归商业的本质，规范发展。

微商之所以乱象丛生，很大一部分原因是监管制度不完善，消费者无处维权，而法律法规的制定和颁布则有一定的难度，需要一个漫长的过程。

但微商已经成为重要的社会零售渠道，微商市场走向规范化势在必行。越来越多的行业机构及品牌微商运营方认为，"规范化"是突破微商瓶颈的唯一方法。如果不消除过去红利期带来的浮躁心态，不尽快规范化运营和对代理体系进行约束，会严重阻碍微商行业的长远发展。

在刘慈欣的科幻小说《三体》中，星际文明之间的战争发展到后来，成为了宇宙规律的战争。先进的文明有能力更改物理规律，甚至数学规律。有些文明主动降低自己的维度，主动把自己改造成低维生命，太阳系就是遭到降维攻击而毁灭的，整个星系被降落到二维，成了一张纸，成了一幅画。

微商规范化已经成为大势所趋，微商行业将从人口红利期转向政策红利期。主动寻求改变，主动遵守商业规则的微商将成为最终的受益者。

在微商规范化的过程中，不少第三方机构和行业协会也做出了努力。这些平台的业务范围包括品牌建设、产品对接、招商推广、转型服务、售后培训等，几乎无所不包，对微商的规范化运作起到了很关键的推动作用。

不管是线下零售，还是电商、社交电商、微商，本质上是零售生意，那就不能脱离本质，否则什么也不是。只要做好了零售，自然就能健康发展。同时，也不要一味地给代理兜售"发财"的梦想，相信那些"毒鸡汤"的人也越来越少了，就让他们扎扎实实地做零售，把微商当作一份事业，一份可以传承的事业来做，不着急于眼前的一点儿利益，而是长期积累的价值。

总而言之，微商已经进入下半场，微商品牌应该抛弃过去的惯性思维，改变思维，从流量思维转到粉丝思维上来，回归商业的本质，扎扎实实地做品牌，踏踏实实地做好零售，品牌才能基业长青，才能获得上场的机会。

三、传统企业转型之痛

> 当今企业之间的竞争，不是产品和服务之间的竞争，而是商业模式之间的竞争。
>
> ——彼得·德鲁克

1. 渠道变革：不转是等死，转型可能是找死

钱不好拿，人不好招，生意不好做。

历史的车轮进入21世纪第二个十年的中期，很多老板发出感慨："从来没有这么辛苦过。"

在经济周期性的律动中，部分企业被淘汰是正常现象。"世界潮流，浩浩荡荡。顺之者昌，逆之者亡。"产业升级、结构转型是必须有的阵痛。不转型是等死，转型可能是找死，也有可能获得新生。

"宁可找死，决不等死。"转型，不仅需要行动上的转变，更需要思路上的转变。

纵观世界零售业史，从百货商店到超级市场，从单一店铺到大型购物中心，零售业的改变，无一不是渠道的改变。

什么是渠道？

对于零售业来说，渠道就是产品从生产者向消费者转移所经过的通道或途径，它是由一系列相互依赖的组织机构组成的商业机构。零售渠道的起点是生产者，终点是用户，中间环节包括各种批发商、零售商和商业服务机构。

渠道不是一成不变的，总要随着消费者、技术、社会环境的变化而变化。

21世纪进入第二个十年，我国城镇化进程进一步加快，城镇化率平均每年提高约1%，2017年城镇化率已达58.53%。据国家统计局预测，我国城镇化

率每提高1个百分点,将带动7万亿元人民币的市场需求。

这一巨大的增量需求,不仅仅给传统渠道带来增长空间,伴随城镇化进程的加快,互联网化的生活习惯不再是城市群体的专利,其影响范围逐渐扩大。对于电商以及其他新兴渠道而言,都有增量空间。

在这一轮商机中,无论传统渠道还是电商渠道,都会因新的消费需求接受更多考验,这包括渠道、物流、服务以及售后等环节进一步下沉。

消费需求改变是渠道变革的驱动力,当互联网带来的影响渗透到人们生活的各个领域后,一种交互式的、体验式的需求应运而生。

购买能力较强的消费人群非常注重品质体验,他们懂品牌懂产品,清楚自己想要什么,他们不需要厂商的概念推销,但要求高质量的服务和体验。这导致在产品展示、功能体验、购物体验等各环节,渠道都需要提供上乘的服务。

网购群体最注重的是感受和体验,他们会对网上购物的各环节有最直接的感受,最终形成好评与差评,并直接影响后期销售。

围绕这种消费需求特征,电商渠道也发生了一系列变化,例如在售后服务、支付方式、物流配送等各个环节提升网购体验,满足这个渠道的消费特征,增加用户黏性,最终促进销售的增长。

无论哪种消费群体,都希望感受和体验到最优的服务,而且目前消费的主力具有成长性,任何渠道都不能无视需求的变化,这成为牵引渠道变化的驱动力。

世界级管理学大师彼得·德鲁克早已指出:"当今企业之间的竞争,不是产品和服务之间的竞争,而是商业模式之间的竞争。"

经济进入缓慢增长期,各个行业面临重新洗牌。虽然互联网+众创时代各种机会纷纷来临,却未能消减商业的倒闭潮和人们的焦虑,巨变前夜暗流涌动,令按部就班的人们惴惴不安。不知道零售渠道将往何处去,就大举跟风创业、转型、变革、创新,基本上都会陷入"不转型等死,转型找死"的困境。

马化腾说过,移动互联网才是真正的互联网。近几年来,互联网巨头纷纷向移动端发力。在阿里"双十一"创纪录的销售额中,来自移动端的份额也越来越大。很多进驻天猫、京东等电商平台的知名品牌,也随之向移动端迁移。无论是传统企业还是电商企业,只有主动求变,抓住社交电商机遇,才能闯出一条新路。

2. 新零售,也要有新思维

当下,零售业处在历史上绝无仅有的艰难嬗变时期。捧杀电商,或者唱衰实体,都是武断的傲慢与偏见。

电商与实体,谁也不要取代谁,而是要重建观念,相互借重,实现线上线下合理、有机、适当的融合。这种融合更多意义上是观念、理念、发展意识的融合,是从竞争对立走向共享共赢的融合。

零售业转型的关键,不仅是技术、场景的改变,而且是内在的改变。实体商业的转型,实际上是意识和观念的转型。

市场究竟去哪儿了?顾客去哪儿了?

实体店只知道电商给我们带来极大冲击,却找不到竞争对手姓甚名谁,不知不觉中,你的店铺沦为他人的"试衣间"。随着互联网向实体的渗透与交融,实体店的针对性越来越不可捉摸。

对于传统实体零售而言,固有的商圈划分和目标客群定位是基于商场门店位置和商场规模,而线上交易和全渠道营销模式,自然而然扩大了商场的覆盖范围，目标顾客也不再是单一的商场周围的传统居民，目标客户群与其他商圈交叉，甚至辐射至农村、外埠。所以，固守传统思维，势必失去顾客。

至于什么是新零售，本书在第一章就已指出，"新零售"这个概念是相对的，是动态变化的。"零售"一直是变化的，20年、50年之后的零售跟现在又是不一样的，要怎么命名？一直加上"新"字，叫"新新零售""新新新零售"吗？

目前所说的"新零售"只是找不到更恰当的描述方式而已，不远的将来，当人们有能力从历史的长河回望这一段历史并能进行准确的把握时，自然会有更恰当的概念来描述现在的"新零售"。

马云认为，互联网时代，传统零售行业受到了电商互联网的冲击。未来，线下与线上零售将深度结合，再加上现代物流，服务商利用大数据、云计算等创新技术，构成未来新零售的概念。纯电商的时代很快将结束，纯零售的形式也将被打破，新零售将引领未来全新的商业模式。

一般认为，"新零售"是让线下共享线上数据、订单和客户信息，共同打造良好的消费体验。

新零售，就要有新思维。

传统零售竞争战略是以企业为中心，围绕如何将产品"推销"给消费者，确定产品及渠道管理模式，所以强调"产品为王"（质量、性价比）和"渠道为王"（占有率），这样才能覆盖并吸引更多的消费者以实现销售。

新零售的竞争战略则要以消费者为中心，提供产品和体验。因为在新零售模式下，消费者在消费过程中的搜索阻力（如信息不对称）和购物阻力（如门店数量）急剧下降，消费场景更为丰富，因此竞争策略要强调"用户为王"，比如强调用户基数、黏性、流量、互动和体验等，这样才能把握并转化消费者，提高销售。

渠道管理思维也要改变。在传统零售的管理模式下，企业将业务划分为不同的渠道进行管理和运营，组建相对独立的业务团队，配置相应的营销和供应链资源，并制定各自的绩效指标考核不同渠道销售团队的业绩。大部分品牌企业在推行全渠道零售时，仍然以消费者为最终购买和支付节点，将销售收入划归线上或线下渠道。传统关键业绩指标的束缚，以及如何制定全渠道零售的激励机制，成为企业实现全渠道转型的最大障碍。

然而实际上，在新零售模式下，线上和线下的边界已变得非常模糊，消费者时刻活跃在线上和线下场景中。企业需转变观念，着力研究消费者所处的位置以及消费的时间，争取在更多的场景中与消费者进行互动，以覆盖其从需求、购买到退换的消费全过程，提高流量和转化率。所以，继续将线上和线下分开运营，对如今的消费者而言已无太大意义，整合企业内部按渠道割裂的管理资源和管理制度变得非常重要。

总之，在新零售模式下，渠道的界限已模糊，传统企业亟需改变思维模式，突破内部传统按渠道划分的经营管理和业绩考核模式，实现企业的跨渠道融合。

目前，全渠道零售已成趋势，品牌企业供应链需要制定从预测到配送覆盖端到端服务的战略路线图和转型行动指南。传统企业必须思考如何实现面向新零售的转型，推进全渠道，这对于占据消费场景、提升销售转化率具有重要的意义。

品牌和产品是传统企业开展社交电商的先天优势。新零售时代，供应链应围绕"连接消费者"和"提升运营和服务"两个关键点展开，在解决"货"的问题的同时，与"人"和"场"不断深入融合。因此，未来的供应链应是以数据为驱动，突破零售渠道和业态的壁垒，为内部用户和外部消费者提供跨渠道的服务，从而使终端消费者享受到极致的购物体验，助力企业赢得竞争。

3. 垂直品类平台：趴在玻璃上的苍蝇，有光明没有前途

做电商，就要有平台。所谓电商平台，就是一个供人们进行购物的网站或手机应用程序，具体表现为App，或者公众号、小程序等。

电商平台似乎已经取代百货商店成为许多品牌的经销商。在电商发展过程中，新兴电商平台一度呈现爆炸式发展。但在一段时间之后，只有经过市场考验的平台才能取得成功，继续经营。

电商平台主要有两种类型：综合型和垂直型。

综合型电商平台面向所有类型的用户，销售各种类别的商品。比如eBay、亚马逊、淘宝、天猫，都是世界闻名的综合型电商平台，它们拥有大量资源和超强的技术能力，体量巨大。

垂直型电商平台只销售同一个类型的产品，甚至是单一品类的产品。

（1）垂直电商平台为什么不行？

在中国电商发展的前十几年，垂直电商曾是领头羊。当当、卓越、凡客各领风骚，是PC端时代垂直电商平台的代表。但发展到后来，这些先驱倒的倒、转的转，包括后起之秀聚美优品也逐步扩展品类转型为综合平台。电商进入移动端时代后，美丽说、蘑菇街、贝贝、蜜芽虽一时做得风生水起，但最受青睐的电商应用还是横跨多个品类的综合电商。

垂直电商曾因聚焦细分市场、满足某类用户的需求、产品标准化、可快速整合供应链的巨大价值而获得众多资本的青睐，但最后却基本全军覆没。在中国互联网历史上，单一品类的垂直电商平台几乎无一成功，要么死掉，要么卖掉。为何出现这种结果，值得我们探讨其失败背后的原因。

先看商品品类。综合电商的品类非常开放，有3至5个大品类的都很普

遍，强调的是用户选择性的优势。消费者对一站式购物有着天然的需求，倾向于面对丰富多样的商品，而不是有限商品的几个选择；再加上各种有效的商品组合的促销激励，更刺激消费者在一个平台上完成所有商品的购买，所以，在竞争形态中，更贴近消费者的综合电商活了下来。

垂直电商的品类更加集中，大多倾向一个大品类，如美妆、女装、箱包、家电等，强调的是供应链和商品管理的优势。垂直电商意味着消费群体更为细分，一方面细分群体在广播式营销下效果不佳，另一方面，百货化、平台化的电商越来越多，也会导致用户流失。单一小品类的垂直网站很难满足用户重复购买的需求，且用户容易转移，而用户一旦转移，很可能永不回来。

再看流量使用效率。众所周知，无论PC端还是移动端，流量成本越来越高，流量红利机会不可重现。如何提高流量的使用效率就是关键。垂直电商更像男人进超市，从不多逛，买完就走，简单实用，但因为无法做更多的商品关联推荐，流量的使用效率比较低。综合电商更像女人逛商场，购物以逛为主，没有明确的目的性，平台方可以通过商品的多样性引出各类组合与活动，以满足用户需求，流量可以相互串连和交叉，因此流量使用效率就比较高，转换率也就比较高。

垂直平台也不适合做App。因为消费者不喜欢使用由单一零售商开发，只销售自己品牌商品的应用程序。他们更倾向于下载一个能够提供丰富产品类别的应用程序，这是综合电商平台对用户的主要吸引力之一。所以，垂直平台与其买个系统自行运营拓客，还不如将自己放在某个平台上，开发个小程序或者注册个微信公众账号，都是明智的选择。

（2）垂直电商平台怎么样才能行？

垂直电商一定不行吗？也未必。

如果只是将一个大品类的商品陈列在一起，这样的垂直电商其实徒有其表。垂直电商必须是实现专业化垂直的电商平台，是商品专业化+服务专业化，必须对经营品类的了解超过其他人，在商品介绍、功能使用、维护保养、推荐和促销引导、甚至上门安装等方面，通过体验满足而不是价格便宜来获得用户。

垂直电商必须是运用场景化的电商平台，基于商品属性，通过智能、无线、移动、大数据的技术，构建线上线下一体化的消费场景是关键。不论如何，垂直电商必须考虑如何结合商品的特有属性和使用场景，快速低成本地找到与目标用户的连接点并且打通。

更进一步的考虑是，我们以前所理解的商品垂直是不是有问题呢？

有时候，人们并不了解"垂直"的真正定义。有一个很容易陷入的误区是，以为将一个品类的商品陈列在一起，就做到了"垂直"。实际上，除了商品之外，在专业、服务以及满足消费者需求等方面，也需要做到垂直化。

垂直不只应该从品类来定义，更应该从用户角度来定义。用户是谁？他们的特征、属性、状态是什么？如何满足他们？他们为什么要来我们的平台？随着在线消费不断向手机端转移并与社交平台逐步结合，用户对"个性化"的需求正在增长。此外，大数据在电商各个层面的应用，保证了服务专业化以及差异化，很有希望成为许多垂直电商的护城河。

在未来，垂直电商要想成功，可能有三个发展方向：数据驱动，品牌化，全球化。

①数据驱动。

首先，数据驱动是未来垂直电商最重要的特质之一。它将帮助垂直电商真正完成与用户的深度接触，增强用户黏性。

电子商务有着一个计算公式：访客量×转化率×客单价=销售额。可以看到，转化率是极为重要的一环，而数据的介入，则可以对它有极大的正面影响。商家能够通过优化网站架构及内容提高用户的参与度，最终影响到转化率。

②品牌化。

对于垂直电商来说，品牌化极其重要。能够给用户留下"记忆点"，是他们与综合电商平台的一个重要差异。这可能包括多方面的尝试，包括风格、服务标准、专业水平以及独有的商业模式。

小米的崛起，是证明垂直电商未死的一个最直接有力的证据。小米卖手机、电视、盒子、路由器等少数几款科技产品，通过官方网站预定售卖，用顺丰进行配送。小米用单品极致的理念，采取电商的形式使渠道扁平，在淘宝和京东的笼罩下走出了另外一条路。在小米的带动下，一大批垂直电商有望以品牌电商的名义重新崛起。

中国渠道电商的淘宝和京东两极格局很难再打破。在此情形下，垂直电商品牌化，将是一条独辟蹊径的出路。

③全球化。

全球化，可能是对于垂直电商来说很有前景的一个方向。

因为访问量是影响销售总额的一个巨大因素。大的平台电商往往通过扩大SKU（库存量单位）来吸引更多用户，而对于SKU较为有限的垂直电商来说，拓宽市场，在不同国度寻找符合品牌定位的消费者，是一个提升销售额的可靠途径。

4. 你的实力绕不过的 iOS、Android

如同现代生活离不开水和电，在移动互联网时代，我们也离不开 iOS 和 Android。

什么是 iOS？

iOS是由苹果公司开发的移动操作系统。2007年1月9日，苹果公司公布这个最初设计给iPhone使用的系统，后来该系统被陆续套用到iPod touch、iPad以及Apple TV等产品上。

原本这个系统名为iPhone OS，因为iPad、iPhone、iPod touch都使用iPhone OS，所以在2010年苹果全球开发者大会（Worldwide Developers Conference，简称"WWDC"）上宣布改名为iOS。（iOS原为美国Cisco公司网络设备操作系统注册商标，苹果改名时已获得Cisco公司授权。）到了2010年第四季度，iOS占据了全球智能手机操作系统26%的市场份额。

什么是Android（安卓）？

Android一词的本义是指"机器人"，同时也是谷歌于2007年11月5日发布的基于Linux平台的开源手机操作系统的名称。该平台由操作系统、中间件、用户界面和应用软件组成，主要应用于移动设备，如智能手机和平板电脑，由谷歌公司和开放手机联盟领导及开发。

Android操作系统最初由安迪·鲁宾开发，主要支持手机应用。2005年8月由谷歌收购注资。2007年11月，谷歌与84家硬件制造商、软件开发商及电信营运商组建开放手机联盟，共同研发改良Android系统。随后谷歌以Apache开源许可证的授权方式，发布了Android的源代码。第一部Android智能手机发布于2008年10月。随后，Android逐渐扩展到平板电脑及其他领域，如电视、数码相机、游戏机等。

2011年第一季度，Android在全球的市场份额首次超过塞班系统，跃居第一位。2013年第四季度，Android平台手机的全球市场份额已经达到78.1%。

伴随移动互联网时代的到来，iOS和Android系统强势崛起，逐渐成为市场主流。根据高德纳研究公司的数据，在2017年销售的智能手机中，99.9%搭载了这两个操作系统，其他竞争对手已经被完全排除。这其中，Android占据86%的份额，iOS占据14%。其他所有的智能手机系统，全部加起来都不足

0.1%，包括大名鼎鼎的WP和黑莓操作系统，而曾经与诺基亚一起占据世界之巅的塞班系统更是不见踪影。

在两大系统占据统治地位的情况下，任何试图另起炉灶的尝试都几乎注定是要失败的。成功的概率不能说没有，因为以前也没有iOS和Android，它俩也是从无到有、从小到大发展起来的，但是统治地位一旦形成，格局很难再被打破。在相当长的一段时期内，两强被撼动的可能性微乎其微。

比如三星手机，其销量在苹果公司的iPhone之上，曾全球遥遥领先，而且利润丰厚，那么，三星能不能像苹果一样做自己的系统呢？

实际上，三星做了，结果失败了。三星电子曾力推自家的手机操作系统泰泽，但是基于这一系统的廉价手机在印度、东南亚惨遭失败，泰泽被称为史上最烂的系统。

系统不重要，生态才重要。Android和iOS已经很成熟，推出一款新系统风险太大，更何况一款系统不仅仅要有系统本身，更重要的是要有优秀的生态，也就是数量丰富功能强大的应用。

同样，在中国的移动互联网环境里，微信也几乎成了底层的操作系统，形成了繁荣的生态圈。总有人想绕开微信，开发独立的App，当然App不是不可以开发，关键是App适合你的产品和服务吗，你的App用户在哪里？

体量巨大的阿里，其手机淘宝App都无法绕开iOS和Android，你初出茅庐做电商，就能绕过微信、淘宝和天猫吗？

你的顾客在哪里，就让顾客在哪里看到你。当中国绝大多数移动互联网用户都把大多数时间化在微信里，开发微信公众号包括小程序，就比开发基于iOS和Android的App要好。

大部分人是懒得花时间和流量去下载一个App的，除非有特别的需要。大多数低频使用的App，会逐渐被用户删掉。因为和删除微信好友不一样，删掉一个App，真的能节省不少内存。如何避免被用户删除呢？那就尽可能少占用户的手机空间。把你的产品和服务做成微信公众号（包括小程序），用户不用下载，也不占用手机内存。

能做产品，就不要做平台。术业有专攻，要学会利用现有的资源，发挥自己的长处。

现在是共享经济时代，有大把的资源为你所用。比如各种互联网技术，包括移动支付、移动社交工具等，我们没必要从头开发，拿来即可。还有平台数据，要了解顾客，我们也没有必要亲自收集数据，专业机构的分析报告完全可以拿来作为参考。供应链资源也不必完全由自己创建，零售企业要学会整合供应链资源。

第三部分

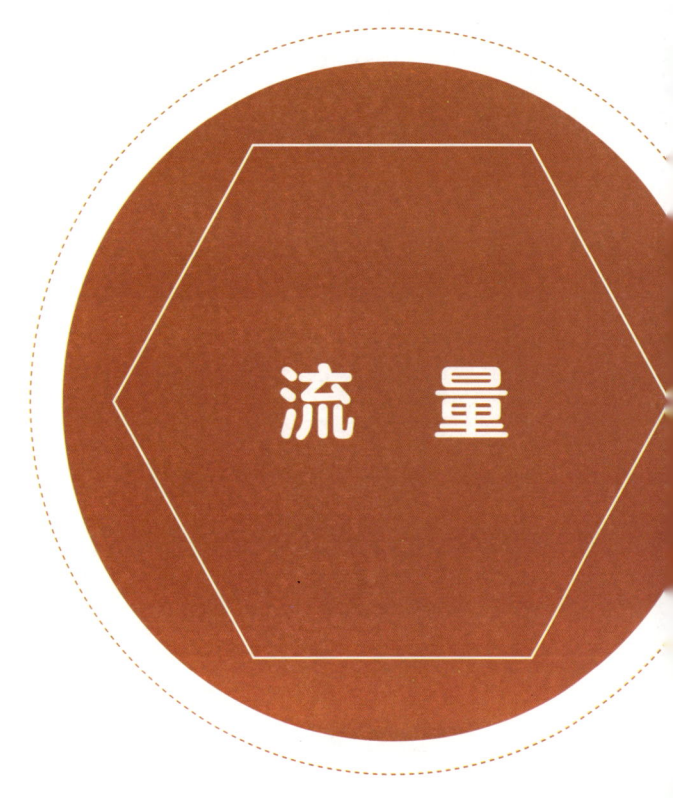

流　量

四、一切生意的本质都是流量

目光聚集之处,金钱必将追随。

——凯文·凯利

1. 线下流量是一个被低估的价值洼地

移动互联网时代，每个商家、个人创业者、企业都应具有流量思维。在移动互联网的普及阶段，流量红利一度大量爆发，发生了不少草根逆袭的传奇。

但随着互联网进入下半场，线上的流量红利似乎消失了，通过线上获客的成本在不断提高，线上流量变得昂贵且不那么高效，于是，大量商业创新开始聚焦线下实体商业，去线下找用户成为互联网品牌的不二之选，线下渠道正在成为重要流量入口。

互联网发展至今，已经基本普及，用户增长趋缓，移动互联网月度活跃设备数量趋于稳定，人口基数带来的红利消磨殆尽，相反，线下实体商业的流量浪费却十分惊人。

实体商铺具有自带流量的天然特性，但尚未被充分利用，相对于线上流量的高成本，线下流量成本更低更稳定，阿里巴巴、京东等电商巨头看到这一点，于是积极布局线下。面对巨大的蓝海流量，探索线下流量入口成了新的投资主题。从阿里投资盒马鲜生，小米发力小米之家，阿里入股分众传媒等诸多案例可以看出，巨头们已纷纷把目光瞄向线下。

新零售时代，流量正在悄然变成大数据。旺铺的位置总是集中于核心街区，城市的商业核心区域就是一个巨大的流量池。所以，新零售要串联线上线下，收集线下数据，把住线下流量入口。随着移动支付的普及，用户扫码消费习惯的养成，不仅为更多的消费场景线上线下的链接提供了良好的发展基础，也为消费供需的升级与重构创造了新的机遇。

移动互联网兴起的前几年，大家的眼球只被线上的流量吸引，线下流量的价值慢慢成了一个被低估了的洼地。

由于线下流量极度分散，因此流量并未高度集中于巨头的手中，这让中小企业看到了更多的机会。对于商户来说，线下是流量洼地，应该重视。线下围绕生活圈，流量可能是线上的20倍以上，而且容易营造高频复购的场景和理由。

线下有界，线上无界。我们不应该带着线上的惯性去做线下，而应重新思考。

在无界的线上，你可以完全实现流量的触达，而在有界的线下，你要学会改变自己。比如，骑共享单车领红包带来更好的传播机制，骑行数据能够更好地描绘用户画像；吃肯德基套餐抽游戏道具实现了线上游戏与消费实体跨界联运。当一切都在跨界，新的玩法总会让人意想不到。在某种程度上，你要重新洞察你的消费人群，之后重组你的营销与商品选择，甚至重组你的供应链，相信这个链条打通的时候才能赢取线下的改造和新零售的真正升级。

2. 几个线下流量实战案例

（1）菜场卖肉小贩如何利用互联网思维，解决"门口罗雀"的问题？

随着周边便利店越来越多，以及盒马鲜生、京东到家等平台的倾轧，菜市场卖猪肉的小贩生意日益冷清。如何通过互联网的方法帮他把猪肉卖得更好？

菜市场的猪肉买卖模式其实比较清晰：菜市场作为一个平台吸引周边用户到来，猪肉摊作为入驻商家。卖猪肉的小贩之所以会被周边便利店抢走生意，核心原因是自家的猪肉产品本身缺少差异性，对用户而言，便利店有时间成本的优势，部分店铺甚至有价格优势，所以用户会去便利店购买猪肉。

卖肉小贩的工作在掌握切肉技巧之后并不需要太多创新，每天起早贪黑，非常辛苦，因为一直从事猪肉行业，对于肉品有深度的了解。

再分析一下用户群体。猪肉是刚需食品，用户付费意愿强且购买频次高，关心肉的绿色健康，也关心肉的价格。

综上，给卖肉小贩的方案要尽量简单粗暴，能用体力解决的不要用太多脑力思考。

①让客户看见你的肉很干净。猪肉从屠宰场到菜市场的环节可能确实是高标准的绿色干净，但是在菜市场的陈列并不那么尽如人意。要让顾客看见干净，小贩本身的形象要整洁，肉品的陈列也要整齐。

②让客户感觉你很懂肉。要让客户感觉你专业，最简洁的方法是取一个店名，最好让人一眼就能看出是什么意思，比如将店铺名取为"懂肉师傅"。然后，在陈列过程中将每一种肉的品牌陈列清楚，同时买肉就送《最全做肉法》和《菜市场买肉指南》。

③提高付费转化率。卖肉时精神状态要饱满，充满阳刚之气，自己必须干净整洁，每天都要洗澡洗头。在和用户接触的场景中，用户会在意干净整洁的程度，所以要戴上手套、透明防唾口罩，并且准备一套备用服装，脏了之后及时更换。

用户在肉摊会提各种问题："这个是什么肉啊？""这个肉多少钱啊？"所以，可以直接做一个小卡片标在每一种肉品前面，上面标明品类及单价，便于用户选择。

要提高用户选择某款猪肉到购买支付成功的转化率，可以增加转化诱因，比如今日购买猪肉就赠《最全做肉法》和《菜场买肉指南》，通过微信发送电子版，这样也能顺便加到客户微信了。

④提高客单价。比如加价购，购物满30元可以5元换取价值10元的去皮前腿肉一斤。

⑤提高留存率和复购率。以赠送《最全做肉法》和《菜场买肉指南》为由头添加用户好友，并邀请进入微信群。微信名可以叫"懂肉师傅"，群名设置为"懂肉师傅群"。

群主要围绕"让用户明白如何挑选优质猪肉"和店铺活动为核心活跃该群氛围，让用户明确知道你的店铺是干净卫生的，以及你是专业的。邀请群里热心而且做菜好吃的阿姨为大家讲做菜的小窍门。好货拼团，进了一批新鲜猪肉，群友可以和自己的朋友或者群友拼团9折购买，既可以群内用户一起买（提高复购率），也可以带着自己的朋友过来买（增加推荐率）。

（2）如何20天引爆一家餐厅，引流10000人，锁客6000人？

传统快餐店推广方法有哪些？无外乎扫楼发名片，或直接发菜单，而且这些媒宣品很容易被废弃或丢失，每个月都要发一次。

下面分享一个真实的快餐店引流案例。整体思路很简单，就是利用"人际嵌入"原理，设计一个带有鱼饵的赠品，送给目标顾客群，这个赠品必须是顾客长期需要使用的，因为上面有我们抓取顾客的鱼饵，能轻松实现抓住顾客并让顾客购买的目的。

快餐店的目标顾客是一个商圈的办公人群，这些人群在办公时都需要用到电脑。所以，我们找了一个电脑鼠标垫厂家，把菜单印在了鼠标垫上，先印2000个，每个成本不到1元。

设计好鼠标垫后，我们叫人去商圈里发鼠标垫，并对目标人群说："从今以后，鼠标垫不要去买了，不好用不喜欢了，想换新的，打电话给我，我会在送餐的时候给你拿个新的过来！"

就这样过了10天左右，快餐店就从0做到每天能送200至300份快餐，一天可以赚1000元左右。

但这时候，同行已经开始模仿这个方法，怎么办？

商圈里办公的人，不仅要用电脑，也要经常用到便利贴，而且，这是一个消耗品，成本很低。于是，我们又找到一家印刷厂，印了几千本便利贴，每一本便利贴上都印有"闪电快餐"和订餐电话。

印好之后，又去商圈楼上派发，派发方法和鼠标垫一样，去跟每个老板说："免费提供便利贴，用完打电话要，送餐的时候顺便带来。"

每次送的时候，只能送一本，因为便利贴是消耗品，用完了，对方又打电话让我们送过去，能大大提高与对方的接触频率，每接触一次，关系就深一步，用了免费的便笺纸，不点快餐不好意思吧？

就这样，这个快餐店在很短时间内快速做到了日出600单，三个月后，几乎把整个商圈40%的快餐业务霸占了……

上面这个是2008年的方法，在移动互联网时代，我们完全可以在更短时间、用更低的成本、更高的效率完成目标。怎么做呢？

印几千本便利贴，上面印上"闪电快餐"的标识、订餐电话、引流二维码和"扫码下单，闪电送餐"的文案。

然后去跟每个老板说："以后便利贴不用买了，用完打电话找我送，我送餐的时候顺便带给你，如果你要订餐，直接扫描上面二维码，公众号里下单，我很快就送过来！"

客户每天都用便利贴，就会每天看到我们的广告。这样，我们能快速把所有的商圈老板和员工以及他们的客户，都抓取到我们的公众平台上，再加上快餐本来就是刚需，每天可能都要吃。只要我们的产品和服务还行，只要他需要点餐,就一定会扫码进入公众号下单。

仅一个便利贴和公众号自动点餐系统,就轻松完成了抓取客户和成交客户的目的!

提高复购率、锁定顾客,可以用积分或充值打折的方法。比如,他每花费20元,就送他20个积分,这20个积分,可以抵一个包子,还可以抵现金使用。只要预充200元,下次订单就可以获得9折或者8折优惠,既能锁定顾客,又能沉淀资金。

(3)小城市烧烤,如何利用微信做到月营业额10万?

路边烧烤摊是夏天朋友们喝酒聊天必选之地。在北京上海深圳广州厦门,对于实体经营者来说,只要选择好一个好地方,口味还过得去,每个月流水10万元不是什么难事。但对一个小城市的经营者来说,就没那么容易了。

阿虎烧烤第一批原始用户是从微博上积累的。当时微博算是热门社交工具,高质量用户有不少,此外他还借助当地微博大牛推荐与转发广告来扩大影响力。

拥有一定用户之后,阿虎烧烤就采用各种方式调动用户购买欲望。比如微信号下单优惠5元的办法,经过20多天时间,微信上的粉丝已有了200多位。

还有晒单送电影票活动。只要微博或者朋友圈订购烧烤后晒单给出真实点评,或者到当地的论坛美食版块中发帖晒单,都能获得电影票一张。但取票是有规则的,需要下次预订烧烤的时候才送上,这就促进了二次消费,很多用户为了拿到电影票又会来预订,由此实现了顾客转化。

(4)亲子早教中心如何做微信营销?

一般来说,早教中心都会不定期地举行试听课,让家长带孩子前来试听。这种方法是很多早教中心、培训机构惯用的招揽手段,目的很明显,让家长和孩子感受讲课内容，了解学校的软硬实力。因此很多精明的家长其实都知道这些套路，这周到这家听，下周去那家听，就只是免费地走上一圈。

大家都免费，那么免费课就无法让消费者产生足够的内疚感而去付费。

我们要说的这家公司采取的做法比较大胆，一样有免费试听课，一样有微信推广，但是它采取了比较新的微信营销方法，即个人微信号、公众号、微信群相结合的微信营销方法。

第一，免费试听课不是一两节课，而是一个月8节课。按照一节课200元计算，一个月8节课相当于为家长省了1600元，这么大的优惠，家长们当然愿意参加。

从人的行为习惯看，一个月的免费足以让家长和孩子养成习惯；从人性角度上看，免费一个月价值1600元的课足以让家长产生内疚感。而且，更重要的是，免费课在设计上让家长参与，让孩子熟悉早教中心，与早教中心的其他孩子一起玩。这样产生的结果是，免费的午餐平衡了收费带来的阻碍，孩子已习惯早教中心，且孩子本身已发生变化，这时再让家长掏钱上后面的课程，时机就成熟了。

第二，获得这个免费课程的名额是有条件的：必须加早教中心的客服微信（早教中心可以一对一为顾客沟通），必须加入早教中心指定的微信群（可以让早教中心与顾客、顾客与顾客在群里互动沟通——多对多沟通），必须关注早教中心的微信公众号（早教中心可以一对多沟通），还有一个更重要的要求——顾客必须在自己的朋友圈发送早教中心指定的微信群二维码及获得免费课的文案！发完后截图发到早教中心微信群，必须完成以上动作，才有资格获得免费课程。

就这样，这家公司抓住顾客心理，运用微信营销方法，生意好自然是理所当然。

五、人人都是自媒体，人人都是卖家

> 每个人都不是一座孤岛，一个人必须是这世界上最坚固的岛屿，然后才能成为大陆的一部分。
>
> ——约翰·多恩

1. 什么是自媒体？

日光之下无新事。自媒体其实并不是一个新词，人人都有麦克风，人人都是记者，人人都是新闻传播者。自媒体古已有之，只不过传播介质与当今不同而已。

在古代，个人将自己的诗作写在纸上，送给亲友，是一种自媒体；写在黄鹤楼的墙壁上，让游人欣赏，也是一种自媒体。在近代，个人办报纸，指点江山，激扬文字，同样也是自媒体。

而在当代，互联网成了自媒体的唯一载体。

要探究当下到底何谓自媒体，首先要明白什么是媒体。

媒体，就是传播信息的媒介。传统四大媒体是电视、广播、报纸、杂志。在传统媒体时代，只有权威组织机构才具有媒体资质，它们通过传统媒介传播信息，传播对象可以是任何人。

现代汉语的"自媒体"一词，系由英文单词"We Media"翻译而来。"We Media"又源自何处呢？

2003年7月，美国新闻学会（American Press Institute）下属的媒体中心（The Media Center）出版了一份研究报告。该报告由谢因·鲍曼（Shayne Bowman）和克里斯·威利斯（Chris Willis）联合撰写，题目是《自媒体：受众如何塑造新闻与信息的未来》（*We Media: How audience are shaping the* future of news and information）。该报告以"We Media"为题，但正文并没有界定这个概念。

时任该研究中心的联合主任戴尔·帕斯金（Dale Peskin）为这份报告撰写了序言，其中的一段话被后人作为"We Media"的定义加以引述。

这段话是这样的：

自媒体是普通大众经由数字科技强化、与全球知识体系相连之后，一种开始理解普通大众如何提供与分享他们自身的事实、新闻的途径。

自媒体是一种特殊的新媒体，它对新媒体中的传播者做了更严格的限定。当把新媒体的传播者限定为"个人"时，它们就成了自媒体，例如个人博客、个人主页、个人日志等。自媒体的表现形式，现今主要是论坛、博客、微博、微信、视频网站以及专门的自媒体平台，这些平台构成了现存自媒体的主要表达渠道。

中文语境中对于"自媒体"的说法，可回溯到2002年创办"博客中国"并被称为"中国博客之父"的方兴东。

他于2004年7月8日在其博客发表了一篇对鲍曼和威利斯所撰研究报告的介绍。他提到：

要读好这份报告，几个关键的新名词需要有所了解。一个当然就是本报告的题目'We Media'，这个词汇还不知道翻译成什么才是最恰当的，自媒体？我媒体？互媒体？还是我们媒体……为了避免让大家头晕转向，以下暂且以"互媒体"来统一以上称呼。

2004年7月27日，方兴东又推出一篇引介吉尔默的博文，他在文中提到，吉尔默曾指出博客代表"新闻媒体3.0"。所谓1.0是指传统媒体或旧媒体（old media），2.0是人们通常所说的新媒体（new media）或者叫跨媒体，而3.0就是以博客为趋势的we media。在该词后面，博主用了一个括号加注："一直没有一个非常贴切的中文译名，我们翻译成个人媒体或自媒体，有人翻译成我们媒体或称共享媒体。但内涵都一样，以下统一为'共享媒体'"。

虽然"自媒体"起初只是"We Media"的中文译法，但在其后的传播过程中被广泛使用，并被普通大众所熟知。

互联网诞生后，网络交流方式先后出现了四种形式，分别是E-mail（电子邮件）、BBS（电子公告牌）、ICQ（即时通讯）和Blog（网志）。

1987年9月20日，中国的第一封电子邮件"穿越长城，走向世界"发往德国，这是中国互联网与世界的第一次亲密接触。

这封电子邮件是9月14日起草的，其中写道："Across the Great Wall we can reach every corner in the world."（越过长城，我们可以到达世界的每一个角落）。标题和内容均由英、德双语写成，邮件署名包括王运丰、措恩教授等人。由于邮件服务器存在问题，导致这个邮件的成功发出被延迟。7天后，也就是9月20日，这封邮件终于穿越了半个地球到达德国。

从1987年9月中国发出第一封电子邮件，到1994年4月中国国内试验网与Internet实现全功能连接，用了近7年时间。而当时连接国内外网络的仅仅是一条64K的专线，真是一条名副其实的"羊肠小道"。走出羊肠小道后，中国互联网开始了大步流星地前进。当1997年11月中国互联网络信息中心第一次发布中国互联网发展状况统计报告时，中国已有上网计算机29.9万台，上网用户

■ 中国第一封电子邮件截图

数62万,国际出口带宽超过25兆。

中国的BBS论坛源于1991年的中国长城站,初期发展缓慢,仅限于科学研究。直到1995年,伴随着计算机硬件技术革新带来的价格大幅度下降,BBS才逐渐得到推广,并被人们所认识。

1997年11月,一篇来自普通球迷老榕的文章《大连金州没有眼泪》迅速火遍全网,甚至被《南方周末》整版转载。普通人一夜之间突然发现,自己的言论和观点竟然可以通过一种廉价的方式得以传播。(1999年,老榕由福州移居北京,创办了电子商务网站8848。)

随后几年,互联网在中国内地逐渐普及,网络论坛开始向社区化、专业化方向细分发展。

2001年,戴志康设计开发的一款名叫Discuz的软件,得到了广泛的认可和支持,从而使得搭建BBS论坛变得简单和便捷,客观上再次推动了中文论坛的发展。技术提升宽带入户后,网民大量涌入,各类网络名人相继出现,如芙蓉姐姐等,你方唱罢我登场。

2002年,方兴东、王俊秀首先将博客概念引入中国,创立博客中国网站并配发《博客宣言》,但起初反响平平。直到2003年6月,博客的概念才引入了大众的视野,并引发了第一轮博客热。

博客的出现,让人们发现了一种可以全方位自由表达的新载体,随后各大网站先后推出自己的博客频道。博客不仅满足了普通人记录生活的愿望,还能满足专业人士的深度交流、知识存储和传播的需求。本书联合作者西东即是博客比较早期的使用者,多年以后,将发表在博客上零零碎碎的散文集结成《西东词典》一书出版。

■ 每个人的内心,都有一部词典

BBS论坛、IM即时通讯、博客的发展和应用，大大改善和推动了网络社交形态，并极大地降低了成本。随着脸书、优兔、推特在国外大获成功，基于SNS的社交网络在国内也迅速升温。微博的出现为中国的自媒体发展开辟了新的领域。这种基于用户关系的信息分享、传播以及获取平台，具有信息传递快、保真性强的特点，创造性地解决了信息传递的点对点问题。140字的限制将平民和莎士比亚拉到了同一水平线上，大量原创内容爆发性地被生产出来，进一步推动了自媒体的发展。

2016年，腾讯发布《芒种过后是秋收：中国自媒体商业化报告（2016）》，报告开篇即对"自媒体"进行了界定。

报告作者采用了比较的视角，在西方，自媒体最初被视为公民媒体的一种（此处援引了2003年鲍曼和威利斯的报告）；在中国，自媒体发端于博客，后在微博平台积蓄大批粉丝，并最终在微信平台实现大范围变现。

报告按照运营主体（个人、机构）、内容来源（原创、资讯）、内容涉及范围（垂直、综合）以及表现形式（图文、视频）对自媒体的类型进行划分。在此基础上，报告提出了"自媒体"的定义：由单个或者数个自然人运营的类媒体机构。这里的类媒体机构，是指自媒体而非严格意义上的媒体，但是却拥有类似议程设置、信息生产与传播等典型的媒体功能。

据此，报告依照所对应的媒介技术发展，将国内自媒体发展分为如下四个阶段：史前期（2000—2010年）、萌芽期（2011—2013年）、起飞期（2014—2015年）及繁荣期（2015年至今）。

报告认为，从萌芽期到起飞期，一批曾通过博客、微博积累了大量用户的准自媒体，借助微信平台，将其内容生产逐渐从兼职、业余走向专业化、职业化；从起飞期到繁荣期，新闻客户端以及各主流媒体平台陆续推出自媒体扶持战略（如新浪微博、腾讯的芒种计划），自媒体开始机构化和联盟化运作。

2. 自媒体运营要从零学起

时至今日，单纯地埋头写稿已经做不好自媒体了。自媒体也需要运营。

所谓"自媒体运营"，就是以内容为核心手段，去获取有利于盈利的方式。

自媒体运营包括用户运营、社群运营、内容运营和活动运营。

在开展自媒体运营工作之前，首先应该明确自己的定位是什么，卖点是什么，自己掌握了哪些资源。

明确了定位以后，你就要考虑，你面对的是什么样的用户。不同的用户，需求不一样。自媒体要考虑服务哪些人群，分析他们的需求，然后再围绕需求生产内容。

自媒体的第一批用户被称为"种子用户"，"种子用户"通常具有较高的黏性，愿意帮助推广产品。

自媒体如何拥有第一批种子用户呢？可以发动身边的同事、朋友、合作伙伴关注体验，也可以策划小型活动，并提供优惠以吸引用户关注分享。

拥有一定的用户基础后，就需要尝试多种方法，保持用户的不断增长。比如建立社群，策划有吸引力的活动，根据热点和用户需求生产内容。

自媒体的内容生产方式有多种，包括原创、转载等。原创是首要推荐的方式，缺乏原创内容不可能保持用户黏性并稳定获得流量。

最常见的自媒体内容形式是文字、图片、视频。自媒体运营的渠道很多，多平台的投放可以获得稳定的流量。多平台分发必不可少，因为各个平台权重不同，针对文章关键字的推荐也会有所不同。

3. 靠谱的自媒体平台有哪些？

（1）微信公众号

服务号
给企业和组织提供更强大的业务服务与用户管理能力，帮助企业快速实现全新的公众号服务平台。

订阅号
为媒体和个人提供一种新的信息传播方式，构建与读者之间更好的沟通与管理模式。

小程序
一种新的开放能力，可以在微信内被便捷地获取和传播，同时具有出色的使用体验。

■ 微信公众号有三种类型：服务号、订阅号、小程序

微信已成为我们生活中的一部分。微信公众平台是腾讯给个人、企业和组织提供业务服务与用户管理能力的全新服务平台。微信公众号分为服务号、订阅号、小程序。其中的订阅号是广大自媒体作者的主战场。如果你没有公众号，就别说自己从事自媒体。

大概从2016年春节以后，微信订阅号的打开率越来越低。微信公众号和其他自媒体平台有点儿不一样，流量主要靠订阅用户。没有一定量的订阅用户，很难有可观的阅读量。但努力做好优质原创，后来者也有成功的机会。

（2）头条号

■ 头条号

"头条号"是"今日头条"推出的开放的内容创作与分发平台，媒体、国家机构、企业以及自媒体均可入驻，内容生产者可利用头条号在移动互联网上高效率地获得更多曝光和关注。截至2017年10月，"头条号"平台的账号数量已超过110万个。

头条号的优点是平台流量大、易申请、粉丝少也可获得高流量。头条号和微信公众号最大的不同是，头条号是根据"推荐"决定阅读数，而不是"粉丝"，也就是说，只要获得的"推荐"越多，文章的阅读量就越高。即使你才刚入驻，也有可能获得高流量。过了新手期，你就可以通过头条广告赚取广告费。但头条号在搜索引擎中收录并不及时，并且排名不是很高。

近两年，很多人一说自媒体就想到头条号。似乎如果你没有做头条号，就不好意思说自己是自媒体人。头条号的确占据着很大的市场份额，所以想做自媒体赚钱的人总是想着它。基于头条的超级流量池，认真写内容并坚持做，不用担心没有阅读量。但是，头条并不是万能的，也不是做自媒体的唯一选择，其实除了头条号外，还有不少平台都值得做。

很多事情都是一把双刃剑。头条号的优势就是流量大，从而导致流量不值钱，而头条号的单价低就是硬伤，基本上10000个阅读只有3元左右的收益。就算好不容易做到原创号，单价也就是12元而已，想做到原创号并不容易。

（3）百家号

百家号是百度旗下的内容生产和分析平台，实现亿万流量分发，帮助作者优化内容，获取流量和关注。

百家号的优点是推荐百度首页、百度新闻源、作者分成。

■ 百家号

平时我们在用百度时，可以看到百度搜索框下面会推荐一系列文章，这当中有一部分就是来源于百家号平台，也就是说，你输出的文章，很可能给推荐到百度首页，带来无数阅读量。

百家号的收录效果好，文章发布成功后，在百度搜索输入相关关键字，能轻易得到展现。

百家号的流量和收益都比较多。需要注意的是，百家号的查重机制严格，如果你重复发送相似的内容（图片也在查重范围内），会出现审核不通过的情况。

（4）企鹅号

■ 企鹅号

企鹅号是腾讯旗下的一站式内容创作运营平台，媒体、自媒体、企业、机构都能够通过企鹅号获得更多曝光与关注，持续扩大品牌影响力和商业变现能力。

企鹅号的优点是多平台一键分发与推荐。

既然是腾讯旗下的自媒体平台，企鹅号文章的推荐渠道自然非常多，在腾讯新闻客户端、天天快报、微信新闻插件、手机QQ新闻插件、QQ公众号、手机腾讯网、QQ浏览器等平台渠道一键分发，可以实现优质内容的更多更准确曝光。

（5）大鱼号

■ 大鱼号

大鱼号是阿里文娱平台为内容创作者提供的账号，为内容生产者提供"一点接入，多点分发，多重收益"的整合服务。"大鱼号"是由原来的UC订阅号、优酷自频道账号统一升级而来。UC被阿里收购之后并入阿里大文娱，作为阿里巴巴对标今日头条的战略产品。

大鱼号的优点也是一点接入，多点分发。

运营大鱼号，账号领域定位要清晰，内容垂直度高，申请领域与大鱼号名称简介一致，内容要对用户有吸引力，保持活跃更新。大鱼号收益很难，必须坚持每天更新，无其他捷径可言。

大鱼号适合深耕认真做内容，优质账号月入过万很简单。大鱼号采用评级机制，每周四根据账号各项指数进行一次评级，做到原创五星大鱼号，可以获得6倍收益。

（6）一点号

■ 一点号

一点号是一点资讯为自媒体作者开设的平台。一点资讯是比较早的自媒体平台，吸引了很多自媒体作者。2016年春节后，一点资讯自媒体平台更名为"一点号"。

一点资讯流量一般，实现收益难度较高。建议作为分发渠道，不要投入太多精力。

（7）搜狐号

■ 搜狐号

搜狐号是在搜狐门户改革背景下全新打造的分类内容的入驻、发布和分发全平台，是集中搜狐网、手机搜狐网和搜狐新闻客户端三端资源大力推广媒体和自媒体优质内容的平台。

各个行业的优质内容供给者（政府、媒体、群媒体、个人、企业、机构或其他组织）均可免费申请入驻，为搜狐提供内容；利用搜狐三端平台强大的媒体影响力，入驻用户可获取可观的阅读量，提升自己的行业影响力。

搜狐号的优点是流量大，百度权重高，而且搜狐号限制少，可以做一些营销引流。如果需要提升百度权重的，或者需要给公众号涨粉的，可以重点维护搜狐号。

（8）网易号

■ 网易号

网易号前身为网易订阅，是网易传媒在完成"两端"融合升级后，全新打造的自媒体内容分发与品牌助推平台，集高效分发、原创保护、现金补贴、品牌助推于一体的依托于网易传媒的自媒体发展服务解决平台。

网易号的优点是流量大，缺点是收益少、提现烦琐，需要绑定网易旗下支付产品。此外，网易人工审核非常严格，打小广告的别想蒙混过关。建议作为分发渠道，不要投入太多精力。

（9）新浪看点

■ 新浪看点

新浪看点是新浪推出的智能化内容创作和管理平台，旨在服务广大媒体、自媒体、政府、企业等机构，携手打造可持续的优质内容生态。看点平台的内容将在新浪新闻客户端、手机新浪网、新浪网PC端、新浪微博等新浪产品内进行分发推荐，提供海量曝光，助力迅速涨粉。

新浪看点支持创作者发布文章、图集、视频、专题、直播等多类型作品。2017年，新浪看点为作者打造了五星成长体系，并逐步完善了平台功能，包括专题、精品栏目、PUSH、评论管理、正版素材库、智能监控等多项新功能。看点平台还为优质的内容创作者提供了奖励金、媒体电商等多种激励机制。

新浪看点的优点是流量大，收益多，百度权重高，可以设置内容同步新浪微博。对于优质账号，新浪会主动给你的微博涨粉。新浪看点开通收益比较难，需要保持至少一个月的内容更新。如果需要提升百度权重，可重点维护新浪看点。

（10）QQ公众号

■ QQ公众平台

没错，QQ也有公众号，都是腾讯公司的产品，其基本运作模式与微信公众号是一样的。

QQ公众号的用户更年轻，90后、00后是主力人群，受众更广泛，贯穿一、二、三线城市，他们兴趣爱好比较丰富，喜欢聊天、群聚、分享，对陌生人社交没有太多的排斥。如果你的自媒体是面向这批年轻、活跃的群体，可以尝试一下QQ公众号。

（11）大风号

■ 大风号

大风号，原名凤凰号，是凤凰新闻客户端旗下的自媒体产品。2018年2月，凤凰新闻客户端宣布旗下的自媒体产品"凤凰号"更名为"大风号"。

"大风号"这个名字取自汉高祖刘邦得胜还乡，酒酣而作的《大风歌》："大风起兮云飞扬，威加海内兮归故乡。安得猛士兮守四方！"

凤凰新闻客户端取"大风"二字，是希冀能够与自媒体人即真正的"猛士"共同乘风而起。至于能不能飞起来，还是要看个人了。

（12）微博自媒体

■ 微博创作者平台

从2009年开始，中国互联网的一个关键性拐点到来，中国互联网开启了一个波澜壮阔的时代——"移动互联网时代"，而微博恰恰成为这个时期的代表。

2009年8月，新浪微博上线内测，此后两三年时间，凭借着新浪此前在门户和博客时代积累下来的大量资源，以及微博本身"快速传播"式的产品机制，它以暴风般的速度席卷整个互联网，成为互联网圈内最令人瞩目的产品。

微博是一个社交化媒体平台，本质是媒体工具，关系主要建立在兴趣上，关系质量较弱，注重的是传播的速度和内容公开。微博上信息的传播速度和广度非比寻常，所以互联网乃至娱乐圈的事件都第一时间爆发在微博上，是制造事件最好的平台。

微博加V认证分为两种。橙V指的是个人认证用户，现在按照官方提示上传相关工作证明和证件即可；金V也是针对个人认证用户，但要求每个月的阅读数达到1000万，而且是动态更新，也就是在30天内阅读数不够也会掉的。

微博的头条文章是一种长微博，相当于微信公众号图文和空间的日志。

微博自媒体仅针对个人用户，是微博站方管理和激励自媒体作者的机制，帮助更多有品牌、有影响力的作者成长。

微博自媒体和微博签约自媒体共同构成自媒体成长体系，微博签约自媒体是微博自媒体的升级。

仅针对文章作者而言，微博自媒体需要每月发表超过5篇文章，且至少单篇超过1000阅读，而微博签约自媒体则要求月头条文章阅读超过100万。成为微博签约自媒体将优先享受功能内测，同时也会拥有更多的赚钱渠道，还有重要的一点就是会得到官方的加权推荐，有可能增长更多的粉丝。

相较于微博签约自媒体，微博自媒体的准入门槛降低了很多，目的是帮助持续贡献优质内容的中小博主在微博更好地成长。

（13）知乎

■ 知乎

知乎是一个真实的网络问答社区，是高手聚集地，数据全、文章优质的知识社区。知乎的针对性很强，关注者质量较高，只要观点正确、内容好，就能收获很多优质流量。

知乎用户集中在一线城市，收入高、教育水平高，长文接受度高，乐于参与深度互动。知乎的百度搜索权重很高，达到了10级（最高级），百度一下，第一刷就能看到知乎链接。

知乎大V拥有明显的影响力优势，吸引的粉丝十分优质且需求明确，粉丝忠诚度、知友信赖度要高于其他社交渠道，能有效影响粉丝购买决策。通过问答推广吸引来的用户，精准度比较高。由于问答是"网友与网友之间的观点与经验交流"，信息可信度更高，容易形成用户口碑。

（14）简书

■ 简书

简书是国内最优质的创作社区。在这里，你可以随手记录自己的生活，与朋友们分享图片、文字或是图文并茂的文章。每个人在创作的同时，都可以接受来自全世界的赞赏。

简书提供了最优雅的界面和最好的分享体验，包罗万象的专题使得任何用户都可以在这个社区内创作，与同行交流。

简书最大的优势在于软文可以找到相应的专题进行投稿，一旦被粉丝量较大的专题收录，并且有一个足够吸引人的标题，所带来的流量将十分可观。

4. 自媒体人如何寻找热点素材？

（1）多关注新闻热点网站

你定位哪个领域的文章，就关注哪个领域的热点。现在媒体平台那么多，平时多关注几家，寻找素材时就少些困扰。

根据关注率高的新闻，分析网友的想法，再结合自己的观点，一篇文章就这样诞生了。而且很多网友的观点会为你的文章赚取更高的阅读量，引流效果非常好。

（2）多观察身边事件

每个优秀的自媒体人都有善于观察的能力，最喜欢用将身边的小事放大的写法让文章变得高大上。

"好记性不如烂笔头"，平时多注意身边的人或事，随时记录整理，等灵感闪现时，结合自己的领域尽情地发挥想象力，一篇优秀的稿件可能就这样诞生了。

（3）多和优秀的自媒体人交流

可能你会说，大神们不爱和我们菜鸟交流。你问他干货，他当然不会理你，因为怕你学会他们的方法，他没饭吃。相反，你交流一些其他问题，通过他们的言谈结合自己的感悟，则可能悟出其中的妙处。

也可多加些同领域的群，通过他人的交流找到热点。比如你做情感类领域的，可以加些婚姻群，不说话，只看他们怎么聊，素材就这样出现了！

（4）多看资料、多看书

作为一个自媒体人，就像小学生一样。你需要时刻学习，时刻积累知识，这样写出来的文章才越来越有味道。

你不爱学习，不爱看书，更不爱看新闻，那么素材从哪里来？

（5）遇见触目惊心的事及时记录

很多事情你当时发现很感兴趣很热点，但如果你不记录下来，转身的工夫也许就会忘记了。所以，一旦脑子里出现一个很热门的想法，一定及时做记录。哪怕只记几句话，这样真正想写的时候就可以比较容易地引申出来。

做自媒体不是一天两天就能成型的，有些人说，朋友才开通一天的自媒体居然就有几百万的阅读量！那是你没看到他平日里的积累，他只是刚开通而已，积累的过程永远是别人无法察觉的。想要写出阅读量高的文章，一定要做好基础工作，真的没什么捷径可走，除非你抄袭，但是，抄袭的最大可能性就是被封号！

5. 让阅读量翻倍的标题秘籍

这是一个"信息微缩"的时代。

在报纸、杂志和电视等传统媒体占据统治地位的年代，消费者习惯拿出整块的时间，沉浸式地接收信息。但进入移动互联网时代后，人们随时随地都可以获取海量内容，消费者的时间和注意力早已被撕扯成一块块碎片。

想要赢得他们的关注，文案就必须在这些细小的碎片中生长。一则亮眼的标题,在提升阅读量方面,扮演着日趋重要的角色。

①数字。

常见公式是数字+好处。比如《40天脱口而出说英语》。

②制造冲突。

这里的冲突,说的是戏剧冲突。那么,怎么在标题中制造冲突呢?

可以说点儿别人不知道的新鲜事,比如《微软发布iPhone键盘悄然成为苹果软件开发者》。

可以跟我们的常规逻辑不太一样,比如《最高级的浪漫,就是柴米油盐鸡毛蒜皮》。

或者用威胁性字眼,比如《我们如何摔断腿》。

③抱大腿。

抱热门人物、热门事件、热门建筑等一切热门的大腿,这在武术上叫借力打力。

比如《罗永浩:好产品就要卖情怀》。

④贴标签。

用特别人群的字眼,如星座、性别、阶层、特别的经历等来获得特定人群的共鸣。

比如《中产阶级男士,用这32件物品提升格调》。

⑤悬念。

故意抖个包袱,引起读者的好奇心。

比如抛出问题,《洪秀全是如何从草根逆袭成为一代天王的?》,或者留白,《如果潘金莲那个时代有微信》。

以上几条组合使用,效果更佳。

6. 自媒体文章的标题，有什么不一样？

自媒体时代的标题跟以往的传统媒体是不一样的，而且，不同的自媒体平台，对标题的要求也不一样。了解一些宏观的趋势，对于写出一个好标题也很有帮助。

（1）标题的字数越来越多

因为纸质印刷物的成本高，版面有限，所以在纸媒时代，好标题有一个重要的要素——短。

到了数字化时代，作者不需要琢磨怎样节约用纸了，取标题就不用太担心字数限制。目前，微信订阅号允许的标题长度为64个字，头条号允许的标题长度为30个字。

新榜通过分析2000余篇10万+爆文，发现微信爆款文章的标题字数呈现增长趋势：

2015年2月16日，平均标题长度为18.02个字；
2016年2月16日，平均标题长度为19.29个字；
2017年2月16日，平均标题长度为21.66个字。

头条号市场总监刘晨认为，新媒体环境下信息越写越长，是一种"信息前置"现象，根本原因是信息爆炸导致注意力资源愈发稀缺，"与其把信息都折叠进内文里被动等待用户打开，不如直接把信息展示在入口上让人一看便知"。

这就要求内容创作者需要从用户的角度去考虑标题，在对内容一无所知的前提下，思考什么样的标题最让人有点击的欲望。

（2）不同的自媒体平台，欢迎不同的标题

多平台分发已经成为内容创作的必然趋势。同样一个标题，发布到微信公众号、百家号、头条号等大流量平台上，会起到同样的效果吗？

当然不会。

很多自媒体在不同的自媒体平台上，要使用不同的标题。

比如在微信公众号和头条号这两个自媒体的主战场，其分发机制是不同的。微信是一个社交平台，分发基于社交关系，所以那些带有社交话题属性的内容和标题（比如男女情感、星座等），更容易受到欢迎。今日头条是一个资讯平台，采用机器算法分发机制，一些意义具体的词汇，更容易被机器识别，然后将它们推送给喜欢阅读这些"标签"的用户，而用户也更喜欢点击具有故事感的标题。

总而言之，如果希望你的内容在不同平台都能收获不错的流量，就要多多琢磨在各大平台上如何起标题。

7. "10万+"标题有什么套路？

除了了解平台特性，还要掌握一些爆款标题的常见技巧。

写标题的能力，已经成为衡量广告文案、新媒体运营者实力的重要指标。如何写出高点击率、高转发率的标题呢？

内容不同，起标题的套路也不同。

（1）生活、美食类内容

生活、美食类内容的标题，要用文字活灵活现地描绘出勾人的味觉、视觉、触觉、嗅觉，营造出感官上的吸引力。

技巧一：满足多模式感知。

人类具有将视觉意象与言语信息联系起来的文化倾向，也就是多模式感知的天性。心理学研究表明，字词所激发的概念，当它们能在头脑中产生清晰的视觉意象时，最容易被人记住。

怎样一口吃掉9朵玫瑰和15朵茉莉（美食台）
薄如蝉翼的金华火腿，每一口都是时间的味道（一条）
集苹果、梨、枣三种风味于一身，这果子有点儿鲜（下厨房）

上面的标题，都是在谈食物的风味，却没有使用形容味道的形容词，而是用一些具象的名词来激发画面感，让人印象深刻。

技巧二：寻找背书。

人们对于有来头的东西总是格外感兴趣，也更愿意一探究竟，这就是背书的力量。比如：

今年头采的西湖龙井，慈禧太后喝的就是这家的茶（一条）
从硅谷火到中国，每三秒就卖一个，用过这款榨汁机，你不想碰其他的（某平台）
我们找来了国内最有名的侍酒师，给你选了一瓶波特酒（企鹅吃喝指南）

历史故事、获奖经历、名人明星、销量、专业人士等，都是让标题增加分量的方式。

技巧三：形而上的提炼。

对很多人而言，吃什么、用什么的关键不仅在食物、器物本身，还在于它

们能营造出的一种生活氛围,俗称"××代表着××的生活态度"。比如:

吃掉一只优秀的小龙虾,就抓住了南京的夏天(企鹅吃喝指南)
只要锅子还在噗噜噗噜,心情就不会blueblue(艾格吃饱了)

失眠、焦虑、抑郁、丧、社交恐惧、尴尬……现代人有太多病症需要治愈。文艺心、玻璃心、逃离心、少女心、公主心、女王心……现代人有太多心理需要被满足标题中出现了与此相关的字眼,点击率也会更有保障。

技巧四:比较法。

比起天花乱坠的描述,比较法是省字又管用的一种技巧:

生理期用这10件小物,比红糖水管用100倍(IF)
吃过这枚凤梨酥,其他的都是将就(艾格吃饱了)
它甜过世界上99%的水果,慕斯般口感好迷人(下厨房)

在标题里通过比较,放大描述对象某一方面的特点,看上去似乎有点儿夸张,却并不觉得浮夸,让用户更有点击进一步了解的欲望。

(2)情感、鸡汤类内容

情感类内容的功用,就是帮助用户宣泄情绪,其标题亦是如此。既然要宣泄情绪,标题通常要观点鲜明,最好非黑即白。

技巧一:用户本位。

看看这些阅读量爆表的标题:

"孩子小,你不能让着点么?""不能"(咪蒙)

"女孩子不要太辛苦？""你养我啊？"（HOGO）

"姨妈来了？多喝水""滚！"（Papi酱）

有事直说，别问"在吗"（卡娃微卡）

这些标题的相同点是字数较少，语法简单，很多直接采用了对话体。

这类标题的诀窍在于，完全站在用户的角度，说他们的心里话，无须进行包装。优势在于，用户在一眼看到标题时，心中都会出现一些想@的人，就想转发给他们看。用户心里产生一股攻击欲，这种心理对点击率尤其是转发率非常有利。

技巧二：挑战常识+制造二元对立。

常识是"克己复礼"，反常识则是"纵容自己"，你说用户更愿意点击哪种标题？

做一个不好相处的女人（HOGO）

谁规定女人一定要活成"贤良淑德"的模样？（灵魂有香气的女子）

倒霉的女孩，运气都不会太差（咪蒙）

这几句标题，都打破了人们的常规认知，无论用户是否认同标题所体现的观点，都很难抑制想要一探究竟的冲动。在标题写作上，需要刻意构建二元对立的因素，"坏女人"（好女人），"不好相处"（好相处），"会败家"（不会败家），"正室"（小三），有的对立是隐性的，有的对立是显性的，无论如何，都需要在标题中塑造出这种对峙和矛盾。

技巧三：悬念+利益点。

这类标题往往以长者的口吻，知心善诱，为用户揭露生活的真相和幸福生活的窍门。

什么样的女人，最容易撩倒男人？（小北）

男人会不会出轨，看这两点（女人多读书）

真正宠你的男人，会这样对你（入江之鲸）

约会中男生的哪些小动作，会让姑娘欲罢不能？（杜绍斐）

恋爱时，男人最烦女人这八种行为（故姐）

这类标题往往利益点明确，让用户明白看完后能得到什么样的信息，同时制造悬念，吸引点击。比如"什么样的女人，最容易撩倒男人"这一则标题中，利益点就是"撩倒男人"，被隐藏起来的信息是"撩倒男人的诀窍"，如果没有明晰勾人的利益点，单纯地去谈制造悬念的技巧，无疑是一种徒劳。

（3）时尚、娱乐类内容

时尚、娱乐类内容，是平凡人在平凡生活中的一剂调味品。平凡人喜欢读别人的故事。故事要有起伏的情节，有悬念，才能满足人的好奇和猎奇心理，而具有这些元素的标题，就很容易被用户的手指戳中。

技巧一：悬念+信息阶梯。

好标题能勾起用户好奇心和窥探欲。比如：

揭秘一家融资4亿的游戏出海平台，马云、马化腾、史玉柱等大佬都在投资（娱乐资本论）

什么样的包，真正经得起时间考验（黎贝卡的异想世界）

商家绝对不会告诉你的事实：我们用3个月测评了15款扫地机器人后发现……（清单）

除了"来都来了"，还有一句魔咒，会令你狂买一堆垃圾（反裤衩阵地）

跟风买这些口红，你只会越来越丑（YangFanJame）

这类标题通过悬念成功制造出"信息阶梯"，即写作者掌握着阅读者不知道的秘密。转发这条信息的人掌握着只读了标题的人不知道的真相，从而提升标题的点击率和转发率。

技巧二：人称代词+时间轴+反转。

这类标题多以第一人称代词"他/她"打头，按时间顺序一气呵成地讲完此人一生的跌宕故事。这类标题，用户读后就基本上知道了内容的梗概，但唯独不知道这人是谁。比如：

她是男神收割机，颜值高衣品更高，嫁给爱情后被宠成小公主，29岁依然活得像个18岁的小姑娘！（商务范）

她是民国四大美女，17岁成影后，25岁在前夫和情人的冷漠下自杀，30万人为她送行（金融八卦女）

他是梁启超最爱，美国洗碗拿到博士，造导弹保卫祖国（金融八卦女）

在内容符合事实的前提下，越反转、越励志，就越好。

（4）知识类内容

知识类内容必须有信息增量，才是有价值的，标题中就必须明确地体现这一点。

技巧：化繁为简。

这4个灵魂问题，解决你80%的困境（LinkedIn）

一篇长文，读懂"10万+"标题的全部套路（乌玛小曼）

拜访拥有5亿粉丝的21位自媒体大佬后，我得出22条结论（新榜）

看到这些标题，在还没看内容的时候，你可能就想收藏和转发了。它们的共同特点在于，将内容包含的知识进行了非常简化的提炼，让用户一眼看上去心理负担很小，诸如"8个规律""一篇长文""10分钟""22条结论""4个问题"，都用数字体现了非常清晰的利益点。

（5）科技、资讯类内容

科技、资讯类内容中，有一些是新闻属性较强的，比如某大公司的新动作、某大佬的新发言，这类内容的标题只要把相关关键词都堆叠上去，就已经足够吸引眼球。除了这些关键词以外，想要以标题给内容添彩，也有一些技巧。

技巧：列数字。

这一类标题中往往含有一组或多组数字，由于数字是模糊的对立面，所以容易给人一种专业感和权威感，比如：

YY的海外故事：1年3000万月活、估值4亿美金的直播平台，能有怎样的想象（36Kr）

追踪了783家创业公司5个月，分析了64.7万条数据，我们发现了10个有趣的现象（虎嗅网）

新闻业务衰落以后，这11张图告诉你3个老门户如今都靠什么谋生（好奇心日报）

8. 如何写好文章开头?

关于写文章，自古就有"凤头豹尾"的说法。这个成语来源于元代文人乔梦符，他在谈到写"乐府"的章法时，提出了"凤头""猪肚""豹尾"的比喻。凤头豹尾是指文章要有好的开头和好的结尾，开头像凤头那样美丽，结尾像豹尾一样有力。猪肚则是指文章正文要充实、丰富。

对于自媒体文章来说，开头更加重要，要像凤凰的头那样秀气、漂亮。如果不吸引人，读者随时就可能把文章页面关闭，辛辛苦苦写的爆款标题也就没用了。

怎么做才能留住读者？开头是关键。

（1）讲一个小故事，方便读者代入自己

小时候，我们都喜欢听故事。正如一首歌中唱的：

月亮在白莲花般的云朵里穿行，晚风吹来一阵阵欢乐的歌声，我们坐在高高的谷堆旁边，听妈妈讲那过去的事情……

开头讲故事的好处是，让读者有代入感，并且阅读压力小，很容易就能读下去。再加上如果你写得比较有趣或者有爆点，一下子就能抓住用户。

比如咪蒙的很多文章开头都是个故事：

极品，太极品了。
我听到一个故事，一个到上海打工的女生，遇到一个极品室友。
这个室友成天占她便宜、花她的钱……

更可恶的是，这个极品还越混越好，冲出亚洲走向了国际……

讲故事的要点是一定要人物标签鲜明，多场景化，最好是能让用户从中看到自己的影子。很多人在写文案时，表面是讲主人公的故事，其实都是在讲读者的故事，这样才最有代入感。

（2）抓住读者的痛点，吸引他们看下去

写痛点，去刺激读者，扎读者的心，让他不得不往下看。痛点，就是"用户完成目标过程中遇到的阻碍"。就像坐车时遇到大坑，颠簸摇晃，他屁股痛，心跳加快，但不得不抓住座位，继续跟着向前走。

比如，这篇减肥软文《3个月狂减50斤，160斤中年大妈逆袭冻龄女神，她说，好身材是吃出来的》，是这样开头的：

你有过我这样的经历吗？

早上起床，准备把自己打扮得美美的出门，却发现去年最爱的裙子拉不上链子了，换个休闲牛仔裤吧，却变成了紧身款，想哭。

上周，和同期入职的小敏竞聘主管，彼此实力不相上下，却最终错过了主管职位，因为输在"形象不佳"。望着自己"微胖"的身材，但基因是父母给我的，我也很无奈啊。

海边旅游，闺蜜们都穿上精心挑选的比基尼泳衣，而我却裹得严严实实，生怕多余的肉肉不小心跑出来。

如何挖掘用户痛点？

可以利用各种指数，包括百度指数、微信指数、搜狗指数，通过数据分析，挖掘出用户的痛点。

也可以直接将你要写的主题放在搜索引擎里进行搜索，看看出来什么结果，其中或许隐藏着用户的痛点，等待你发掘出来。

日常的观察记录也很重要。自媒体人也应该是热爱生活的人，平时注意观察周围人的细节信息，知道别人的喜好，自然也就容易搞清楚用户的痛点在哪里。

（3）引入当下热点，激发用户好奇心

生命不息，热点不止。

每个人都关心别人正在关心什么。毫无疑问，热点最能够引起大家关注，快速抓住读者注意力。

关于蹭热点，本书将在其他章节详细讨论。

（4）制造认知反差，即熟悉信息+新鲜事物

人的大脑会对司空见惯的事物熟视无睹，对一成不变的信息麻木，而对反差大、有变化的信息比较敏感。所以，文章开头要抓住读者注意力，最好的方法之一就是制造反差。

反差可以是认知上的反差，那些造谣文章最常用这个技巧，开头给你提一个颠覆以往认知的观点。

你知道吗？经常跑步容易猝死！

近期，一篇来自英国《每日邮报》的报道在朋友圈里转了起来，丹麦科学家通过一项长达12年涉及近5000名研究对象的跟踪调研，得出一个惊人结论：

最健康的跑步健身强度就是每周跑3次，总量144分钟以内，而且跑步的速度应该控制在慢速或中速。这样做才有助健康长寿，而超过这个量，健身反而变成了伤身。专家还强调，跑得快要比跑得久更伤身。那些用较快速度

跑步的对象，其死亡风险和从来不运动的人一样。

制造反差的技巧是，对方熟悉的事物+新鲜信息，类似的"喝水的10大误区，90%的人都做错了""经常跑步容易猝死"等。

文无定法，此处仅举几种开头方式。你若融会贯通，并且多学习，长期刻意练习，自然能够写出更好的开头。

9. 如何提高文章在自媒体平台上的推荐量？

不管是今日头条、企鹅号，还是一点号、搜狐号，其实他们的推荐机制都大同小异。所谓的兴趣阅读，无非就是根据你所点击浏览的内容记录，判断出你的阅读喜好和兴趣，系统就会不断地向你推荐类似的内容。

什么样的文章才能获得高推荐？

首先这肯定是跟领域有关。比如，娱乐和搞笑领域很明显要比健康、宠物等频道热门些，所以热门领域所产生的爆文也是最多的。

但是既然分了领域，平台也不会厚此薄彼，比如你看企鹅媒体平台的"热门文章精选"里，冷门领域同样会产生很多10W+的文章。所以不管是什么领域，首先要做到内容够硬。

其次，也是重点，就是文章的标题。其实这是很多人，尤其是很多新手们困惑的问题，怎样起好一个文章的标题，个人认为这个占整篇文章能否成功的百分之九十，甚至还要多。

一个文章的标题非常非常重要。然而，各大平台现在对标题党的打击都是非常严格的，并且有明文规定哪些标题不能起，所以，标题用之有方才是关键。

最后就是内容。"内容为王"的时代，但还是有大把的"搬运工"过着滋润的日子。但是搬运的东西越来越难获得推荐了。最重要的还是要修炼自己的"内功"。

要持续写出高推荐的文章，就要追热点。

到哪里寻找热点呢？

现在微博热搜榜已经下架了，可以上百度风云榜、搜狗热搜榜看看，各种微信订阅号也要关注，尤其是跟自己领域相关的。

10. 如何利用搜狐号引流？

搜狐号跟其他的自媒体平台最大的区别就是，搜狐号的流量来源于用户搜索而不是平台推荐。

一般的平台，会根据你的内容领域、标签、质量等因素把你的内容推送到客户端，用户看到内容之后，感兴趣就会点击。然而搜狐号不一样，它的流量主要来源于用户搜索。用户通过百度、360、搜狗等搜索引擎搜索关键词的时候，靠前位置的内容基本上都是搜狐号的，因此想要把搜狐号做好，就要做好关键词优化。

关键词优化最主要的就是文章标题和首尾段，在这三个位置优化一些关键词的密度就可以了。

搜狐自媒体注册难度小，申请简单，容易通过，后台简洁，发布内容方便。在搜狐公众平台上想要得到大量的流量，需要掌握一些方法和技巧。

第一，掌握平台规则。

搜狐公众平台自带广告位，也可以在文章末尾留下个人微信号、微信公众号等，通过这些联系方式和用户建立联系。最重要的是要留下足够有诱惑的诱饵，这样别人才有动力加你微信或是QQ。

第二，需要略懂一些SEO知识。

因为搜狐自媒体是百度的新闻源，如果文章标题符合用户搜索习惯，那么就可以借助新闻源带来一些流量，因为搜狐自媒体本身权重就比较高，排名也很不错。

关于SEO优化，不应该只看自己的网站，搜索引擎优化是全网营销，现在社交媒体碎片化，多渠道并用会更好。

第三，借助行业热门事件。

抓住热门新闻，就像支付宝转发锦鲤事件，有人利用搜狐自媒体去引流，结果引来了几千微信好友。这就是搜狐公众平台自媒体的好处，可以利用热门新闻事件带来大量的阅读量。

关于热点事件，可能当你知道这个热点以后，该热点已经不再是热点，这个东西也不能计算出来，可能当时没有注意，但爆发后就觉得后悔没有提前去做这个东西。如果想找到最新的热点，就需要关注新闻网站，比如腾讯、网易、新浪等大型新闻源平台。通常大型新闻热点信息都是他们报道出来的，因此跟着他们可以快速分得一杯羹。

很多时候，发10篇普通文章不如发1篇热点事件的流量！

第四，多样化操作。

利用搜狐公众平台自媒体引流，文字、图片、视频以及其他外在操作都是必不可少的。如果你的文章被收录了，这个时候可以参考百度排名点击规则及流量截取等方式，手动就可以提高搜狐的排名。其次刷点评论，与读者多互动，排名很快就会上去。

11. 自媒体最好的变现方式是什么？

当然要讲收益。即使是满腹情怀的文人墨客，做起自媒体也要考虑变现问题。

正如左小祖咒在歌曲《我的公众号》中所唱的那样：

亲爱的你们稍安勿躁 我的公众号
不是毒舌频道 也不是文艺的鸡汤讨拥抱
更不是什么生活品位的一条 两条 三条
不切磋百家学营销 也不懂禅茶一味的微妙
我只懂得老实巴交的数钞票 专为五斗米折腰

目前，自媒体的变现方式主要有广告、赞赏、直接卖货等几种。

平台给的广告分成是对自媒体人的认可，是自媒体人最希望看到的，是最体面最具有成就感的收益。文章被大家认可，还有合理的收益，最是心安理得。

有些自媒体平台开通了广告功能，可以在文章展示栏里接入广告，比如微信公众号和大鱼号文章里都可以插入商品，阅读者阅读文章时进行购买，会给自媒体带来销售提成，这也是自媒体变现的一种方式。

还有的自媒体会从广告主手里接单，直接发布广告。广告有硬广，也有软文。很多自媒体创业者喜欢润物细无声地在文章中融入一些软性广告，让读者在阅读文章的同时，潜移默化地被带入到一种产品或者服务中去。

"赞赏"功能是微信公众号的伟大发明，让读者可以直接向自己欣赏的作者付钱，激励了无数自媒体人，促进了自媒体生态的繁衍。现在，很多自媒体平台都有了设置文章末尾赞赏的功能。

赞赏

■ 赞赏

2018年，公众号赞赏功能升级为"喜欢作者"，开启了赞赏的文章在原创文章底部有"喜欢作者"的入口，在 iOS 版和 Android 版微信上都可以使用。有邀请权限的公众号在"赞赏功能"里填写微信号发送创建邀请，每个公众号最多可以创建3个赞赏账户。公众号群发布开启赞赏的文章，读者的赞赏会在7天后到达赞赏账户对应的微信零钱账户。

喜欢作者

■ 喜欢作者

自媒体的变现方式很多。有媒体称，自媒体是内容创作者实现自我商业价值的机会。然而，2015年11月，新榜发布的《自媒体人生存状态调查报告》显示，超过60%的自媒体月营收入不足10000元，只有不到50%的自媒体实现了盈利，近半数自媒体个人月收入不足5000元。

很多行业都有8020法则，20%的人创造了80%的业绩。根据这个法则，自媒体人只有少数盈利亦属正常。

移动零售服务商有赞发布了一份自媒体电商运营指南——《自媒体卖货才是未来》。该报告称，自媒体最好的可持续的商业变现方式就是卖货，形成"媒体+社群+电商"的变现模式。

有赞认为，卖货变现是最有效的变现方式，是实现价值最大化的方式。依托自媒体自身运营的优质内容和社群互动，影响用户的消费决策。围绕用户需求，让更多的用户成为客户，并持续购买。

媒体观察家魏武辉则提到，涉足电商意味着这些内容创作者要进入一个全新的陌生领域，包括仓储、物流、客服等，盲目尝试可能会导致成本上升，得不偿失。

笔者认为，自媒体究竟该如何变现，还是要根据自身条件，充分发挥自己的优势，尝试最有效的变现途经。只要把自己的号做大了，卖什么都赚钱。

六、腾讯：社交领域的王者

> 一个人永远不要靠自己一个人花100%的力量,而要靠100个人花每个人1%的力量。
>
> ——比尔·盖茨

1. 腾讯是社交电商的主战场

根据腾讯公司的2018年上半年年报，QQ的月度活跃账户数为8.03亿，微信和WeChat（微信国际版）的合并月活跃账户数达到10.58亿。

■ 腾讯

腾讯，作为互联网巨头，俨然是社交领域的王者，旗下产品已经延伸至我们日常生活中每一个角落，几乎掌握着我们所有人的社交关系。腾讯系产品，同样也是社交电商的主战场，没有之一。

■ 微信　　■ QQ

长期名列前茅的中国三家最大的互联网公司BAT（百度、阿里、腾讯），各有各的企业标签，百度重在技术，阿里擅长运营，腾讯优于产品。

虽然阿里多次激进地做社交产品，比如马云亲自力推"来往"，支付宝上线校园日记，一度闹得沸沸扬扬，但最终都落寞退场。

马化腾则是个极度克制的人，这些克制有时会体现在腾讯的产品上。韩寒的《后会无期》里有句台词："喜欢才放肆，而爱会克制。"跟马云相比，马化腾更爱社交。

但阿里的社交心不死，腾讯的电商梦也在继续。

腾讯的社交帝国能够直接触达C端用户，更适合做社交电商。腾讯投资微店、京东、唯品会、美丽说、蘑菇街，再到拼多多崛起，腾讯在电商领域已初步形成和阿里分庭抗礼的态势。

自媒体在微信生态中也找到了变现方式，除了广告，直接做电商能让自媒体活得更好。

腾讯以微信订阅号的形式，开启了以舆论领袖内容为主的自媒体生态，而小程序的赋能更是为其变现渠道创造了一条快轨。在社交电商中，强社交关系可以为电商平台连接和输送流量，而电商平台却做不到将你和我的关系转化为强社交，腾讯经过20年的修路筑桥，终于抵达了社交电商的乐土。

2. 微商高手的23种加人方法

（1）同行互推

假如我是卖面膜的，他是卖另一个品牌化妆品的，就可以互推，他在他的朋友圈里推我的面膜，我在我的朋友圈里推他的化妆品。

这种互推方法，只适合有品牌固定且价格统一的微商。顾客去哪里买这款产品都是这个价格，这样不管是代理的客户还是零售的客户都比较稳定，不会存在客户流失问题。

（2）通讯录添加销售人员

手机上先安装QQ同步助手或者其他类似软件，这样就能把成千上万的电话号码导入到你的手机上。

然后去百度上找做保险、卖房子、租房子的人，因为普通人一般都会是这些销售人员的准客户，他们是愿意加陌生人的。保存他们的手机号，导入手机，然后添加这些人的微信。

（3）逛街加人

这一条特别适合女人。

女人爱逛街，逛街的时候，比如在服装店跟导购要个电话并加微信，跟她说："店里有什么新品拍照片给我就行！"

（4）开店加人

如果你本身有店铺，那就好办了。对于来你店里的客户，你要想办法留下联系方式，比如以送礼物的方式办会员卡，留下联系方式，然后加他们的微信。就算他们当天不买你的衣服，过几天也可能会买你的化妆品！

实体店的老板们一定要学会加人，不管是成交的还是没有成交的客户，包括进店看一眼的客户和待几分钟就走的陌生客户，只要你加了他的微信，不管这个客户是本地的还是外地的，你都能在微信上面做生意。

本书在第四章说过，线下流量不容低估。假如一个服装店，每天进店的散客有100多人，那一个月下来也3000多人了！这些客户很多都是进来看几眼就走的陌生客户，他走了以后不知道什么时候再来，可能这辈子也见不到他了！如此这般，这些流量就白白丢失了，实为可惜！

假如这个服装店的老板很聪明，添加了客户的微信，一个月下来微信好友就能增加3000多人。当店里有什么促销活动或上什么新款衣服，他都要拍图片发到自己的朋友圈里,而他发一条朋友圈就可能有3000多人看到,他发一条朋友圈就是他店里一个月的人流量!

(5)印宣传单、名片

宣传单上面有自己的微信号,可以和当地的快递商量一下,给他们一个合理的报酬,让快递员送货和收货的时候帮你分发。

快递每天收货送货接触的人群是非常喜欢购物的,可以让快递送货的时候顺便给客户一张你的名片,让他们加你的微信号。

(6)玩游戏也能加人

利用腾讯的手机游戏来寻找附近的人,丢纸条加好友。适合的游戏包括"天天酷跑""天天爱消除""节奏大师"等。

加好友的方法很简单,手机里安装好游戏,用自己的个人微信号登录,然后点附近的人,就可以看到附近的其他玩家了。你可以给他们丢纸条,附上一句话,比如"加个微信号×××吧,一起玩天天酷跑",发送过去对方就可以收到了。

(7)各大网站、论坛发帖

本书其他部分已经提到,这里不再赘述。这种方法因为有长尾流量,所以适合做长期的产品。

(8)生活类网站、App发帖

比如58同城、赶集网、安居客等,给那些经纪人留言说你想租房子、买房子等,给他们留微信号,说你上班不方便接电话,有好的房源可以发图片在微信上。

闲鱼、转转，这些二手转让 App，也可以用这个套路加人。

在宝宝树、妈妈圈、妈妈帮等母婴垂直类社区，可以发布一些妈妈们比较信任的话题，比如饮食、医疗等，可以自己顶自己的帖子或找一些朋友顶贴，又或者你们团队的人多一起商量着把帖子顶上去，通过这种方式跟别人建立信任感，建立信任感以后再去谈产品。

（9）产品贴上二维码

印一些你的微信二维码，用不干胶贴到产品包装上，没准产品被客户送人后，别人扫一扫也成了你的客户。

（10）建群送礼物

自己建一个群，然后玩丢骰子之类的游戏送礼品，鼓励这个群里的好友邀请他的朋友来参加，这样你就可以加到他们的朋友，以及他们朋友的朋友。

（11）借用名人效应

名人的威力巨大，他们帮你推荐一下，可能比你辛辛苦苦忙碌一年的效果还要好。怎样让名人帮我们宣传呢？

你可以专门选编一些名人的事迹，在文章里尽量多写他们的优点，在文章里面写下你的微信，写完之后投稿到各大网站。

人都是好面子的，当他看见你这样写他的时候，就非常有可能把你的文章转发到朋友圈。

（12）利用媒体

通过各大媒体帮我们传播，效果非常好。网友看到你的文章质量比较高,自然就会加微信关注你了。这些粉丝的质量也是很高的,因为他们是仰慕你而来。

(13) 利用诱饵

如果找到一些好的资源,可以发布到一些网站上面,然后写上:"×××软件,不知道大家是否需要,如果需要可以加我微信!"

(14) 借好友

在经过朋友同意的前提下,把你朋友的QQ号暂时绑定到你的微信号上,你就可以把他的QQ好友添加为自己的微信好友了。

同理,也可以在你朋友的手机上登录你的微信号,这样也可以把他们手机上的好友吸到你这里来。当然,一定要跟人家事先沟通好才能这么做。

(15) QQ群微信推广法

用10个QQ,等级至少要有一个太阳,每天不停地去加群。

加什么类型的群呢?主要看你有什么样的素材。

比如你有一个女性类的公众号,就可以加全国各地的妈妈群、孕妇群以及美容护肤类、减肥瘦身类、丰胸美白类的群,总之只要女性关注的群你都加进去,进群的目的不是为了发广告,你可以这样写文案:"各位姐妹今天关注了一个微信公众号,里面有篇文章写的是宝宝健康饮食你不得不学的秘密。"这样,就顺利地把你的公众号植入到群里了。

(16) 超级QQ权限引流术

第一步,先确定你要加什么特征的人,然后加相关且质量高(广告少、交流活跃)的QQ群,通过多个QQ号加大量相关QQ群,然后每天加QQ群内的成员为QQ好友。

第二步，花25元钱把其中一个QQ开通超级会员。超级会员有克隆QQ好友的功能，可以把其他QQ号的好友克隆合并到这个开通会员的QQ号上。克隆完成后，再把它绑定到自己需要推广的微信号上，通过微信添加里面已经开通微信号的QQ好友为微信好友。

（17）淘宝评价留言法

大家都经常逛淘宝，但是买完东西后，有多少人去评价呢？

从今天开始，买完一样东西就去评价，你可以这么说："亲爱的，你家东西很赞，我喜欢，我是代购面膜的代理，有机会合作，大家有想代理或是买这款面膜的可以来找我。"

其实很多人买东西就爱看评价记录，这样一来她们就可能通过这条评价加上你的微信。

（18）搜索引擎网站推广法

这种方法能很快占据百度首页位置。这个方法可能对一些新人不太适用，老司机可以用一下。

选择与你的产品有针对性的关键词，每一个词生成一个独立营销页面，然后利用技术做交叉连接，快速提高权重，这样下来半个月，只要一搜所设定的关键词，首页一定有你的网站。

（19）软文推广法

自己写文章，或者引用别人的好文章，里面巧妙地加入自己的微信号和二维码，然后发布到自己的微信公众平台和各大与产品相关的论坛和贴吧中。

很多人写作水平一般，写不出足够软、足够攻心的文案，遇到老油条管理员一眼就能认出你是广告，从而把你的软文删除。所以，提高写作水平很重要。文章标题是关键，一定要达到消费者主动转发的效果。

（20）昵称推广法

无论是QQ、微信，还是论坛ID等，你做某某品牌就把名字改成品牌名+真实姓名。

（21）图片打水印推广法

通过微博、百度图片等方式把你打好水印的图片传播出去。

（22）短视频引流法

借助短视频高曝光率，在签名或者视频内容中植入广告来进行引流。

如果你还不是网络红人的话，只发一次视频很难见效，要坚持发各种原创、伪原创视频，才能见效果。

（23）海报活码裂变

我们都在朋友圈见过这种二维码海报：你扫码准备领奖，结果进到一个微信群里，管理员告诉你必须转发海报到朋友圈，然后截图通过审核才能领取奖品。

这种活码裂变需要购买软件系统，并有强大的客服团队做支持。因为此方法转发+截图就能获奖，所以节奏十分快，回复问题稍微慢一点儿，裂变效果就会大打折扣。虽然不是人人都能做起来，但依然不失为一个好的引流方法。

3. 微信"营销号"判定标准

2018年1月15日,2018年微信公开课在广州举行。微信创始人、腾讯高级副总裁张小龙在演讲中透露,微信用户(指微信及WeChat合并月活跃账户)已达10亿。

自从微信诞生,短短几年时间就几乎拥有了中国所有的智能手机用户。庞大的人群后面隐含着巨大的商机,微信这个星球吸引着无数商家的眼球,许多商家开始用微信进行营销。

在微信生态中,85%是正常用户,剩下15%则游走于密不透光的黑灰地带。"黑"主要是涉黄、聚赌、诈骗等违法用户;"灰"则是肆无忌惮群发广告打扰其他用户、过度营销、影响平台用户体验的群控号、淘客号、部分微商号、爆粉号、刷量号、黑五类客服号等,这类微信号统称为"营销号"。

早在2016年8月,微信就整顿了过度营销号,重塑健康社交生态,并首次提出,官方对扰民违规的"无意义垃圾信息"划分为两类。

第一类是被多次转发的广告信息(含二维码、销售、价格、优惠等广告内容)。尽管这么多年来,微信官方对此讳莫如深,甚至发文辟谣,但他们明确指出,肆意发布广告链接有可能被封号。

第二类是同质化内容,即一定数量用户,在同一时间段发布相同内容(包含文字、图片、视频等)。大家想象一下,某天你打开朋友圈,发现大家都在发同一句话,同一张图片,同一个视频,并且每天如此,你会怎么做?毫无疑问,你再也不看朋友圈了。所以说,除了广告,同质化内容也是影响用户体验的罪魁祸首。因此,同一内容在朋友圈被传播多次,就会被"技术处理"。

微信对"营销号"的判定标准应该是动态变化的,因为"魔高一尺,道高一丈"嘛。下面这个判定标准仅供参考。

（1）13种行为判定营销号

A. 连续一周每天发布（无意义垃圾信息）7条以上的微信用户。

B. 注册时间一年以内，好友数量2000以上的微信用户。

C. 连续4周不切换IP地址的微信用户。

D. 群发信息一个月内，每周超过2次的微信用户。

E. 每周好友增加数量在20以上的微信用户。

F. 建群数量超过20的微信用户。

G. 同质化内容发布超过一个月以上的微信用户。

H. 大量微信转账（每周1万元）、大量群发红包（每周2000元）的微信用户。

I. 入驻多群（20个以上）、在群里不断添加好友在20人以上的微信用户。

J. 与陌生好友（非手机号添加的好友）频繁互动的微信用户。

K. 每天有点赞行为，并持续一周记录的微信用户。

L. 频繁被拉黑，每月超过20次以上的微信用户。

M. 朋友圈被屏蔽人数超过20人的微信用户。

（2）营销号4大类别

A. 以转发同质化内容为主体的微商号。

B. 以发送链接为主体的推广号。

C. 以群为基础单位频繁邀请好友的互动号。

D. 以群发为主体的过度营销号。

（3）营销号的处罚机制

我们知道了营销号的判定标准，那么，官方如何处罚营销号？

可以肯定，对于违规营销号的处罚，并非两年前江湖盛传的"降权"，而是"降频"，即在平台用户活跃时段，减少无意义垃圾信息的传输频率。比如你发布3条朋友圈信息，但好友只能看到1条。

据传，微信研发了一套叫作"蜜罐法则"的封号机制。意思是，相同行为的违规营销号，按80%概率封号，10个封8个，给剩下的2个作标记，并附加无敌光环、不死金身，放回去自动匹配同类，从而一举三得：第一，不容易被对方轻易总结出封号原因；第二，误导对方，让对方误以为没有被封掉的两个号的运作模式是可以防封的；第三，继续观察两个违规样本号周围的微信号行为，总结并迭代新的违规标准。

目前，被判定的营销号数量是8000万个，大概占比10%，除降频处罚外，大家也不用太担心，毕竟基数庞大，官方不可能一刀切掉。尽量绕开上面的条条框框，同质化内容（特指广告素材）转发总量控制在100以内，问题应该不大。

总之，大家要遵守规则，不要总想着钻空子、铤而走险。赚钱不容易，在3000万微电商从业者还无法脱离微信生态存活的情况下，营销号要尽量做到克制、不扰民。

4. 微信公众号增粉的常规免费推广方式

微信公众号推广可分为付费手段和免费手段。以下这些不花钱的增粉手段，并不适合每个阶段的人，不过肯定会对大家有所启发。

■ 微信公众平台

（1）通过优质内容，自然增粉

成功无捷径。对于媒体来说，优质内容是最稀缺的资源，自媒体尤其如此。大多数早中期做微信公众号的人，特别是一个人默默耕耘的，主要都是通过发内容把粉丝一步一步积累起来的。

很多人会问，第一批粉丝是从哪里来的？你至少有很多微信好友吧，他们就是你最初的粉丝和文章的传播者。初期发布的文章，如果是他们非常关心的，通过朋友圈的传播，也能快速地传播出去，然后就可能给你的公众号增加几百上千个粉丝。

即使你的前几千个粉丝并不是通过内容来的，但是你想获得后面的几万甚至几十万粉丝，还是要通过每天坚持发优质内容，让用户转发到朋友圈去影响更多的用户，从而实现每天稳定地增长粉丝。内容涨粉是最自然最稳妥的。

（2）找同类账号互推

在微信公众号初期，互推是增粉的主要手段之一。那时候大家比较简单粗暴，经常群发文字内容："介绍一个××账号，推荐粉丝关注。"当时的互推方式虽然用户体验很差，但因为初期用户活跃度很高，互推的效率也非常高。

后来出现了内容中间页平台，在图文内容底部可以直接设置公众账号一键关注。这个时候互推的效果达到了高峰，用户体验也提升了。但之后微信官方打压大量互推的账号，中间页平台被屏蔽，图文内容也不能直接跳转到第三方页面。

互推形式不得不与时俱进。选个组长站出来，负责协调6至10个粉丝量差不多的同类微信账号，编辑一条内容，介绍参与互推的这几个账号。然后大家在群发多条图文的时候，在其中一条里推送这个内容，以达到互推的效果。通过这样的互推方式获取来的粉丝，针对性非常强。毕竟是用户不嫌麻烦去复制粘贴搜索才关注的，如果用户对这个主题不感兴趣，是不会轻易去关注的。

但这种互推方式，效果明显不如以前。普通用户已经审美疲劳，无法吸引他们的关注了。

（3）大号带小号，资源推号

把号做大，就可以这样玩了。有些人早期通过资源比如广点通等渠道让一个账号快速获取了大量的粉丝，然后通过大号带小号的方式，快速做起来一批微信公众号。

他的某些做法我是不提倡的，但是大号带小号的思路值得借鉴。能带小号的大号，不一定是微信公众号，还可以是微博大号、抖音大号等。自己只要有资源，都可以把用户引导到微信公众账号上。

（4）运营草根红人个人号，带动公众账号粉丝的增长

这一招比较适合地域类账号。先做个私人号，通过定位、附近的人等手段，吸引本地的人主动来加你，也可以主动去加一些本地的用户。

然后再通过这些本地小号，去分享本地微信公众号的内容，从而获得更

多曝光，增加公众号的粉丝数。这招也是很多本地微信运营者经常使用的免费手段。

（5）传统的论坛、微博等线上推广渠道

现在论坛的管理极为严格，想从这个渠道获得大量粉丝，需要很好的执行力，对宣传文案的把握也要非常到位。如果既能不被版主删帖，又能吸引大量人去关注，则很考验一个人的推广能力。

（6）利用其他自媒体平台，做好内容分发与传播

挖掘并利用其他自媒体平台进行内容推广，可以扩大目标受众群，提高公众号知名度，把平台里面的用户吸引进来，成为关注你的粉丝。

把推送的公众号文章同时发布在其他平台，借用一句广告词，这叫"一处水源供全球"。在其他平台，可以通过作者介绍、文章来源以及文章内容里面插入公众号信息（名称、ID）的方式，把自己的公众号展露在平台上，让阅读了文章并产生兴趣的潜在读者能够沿着曝光的公众号名称或者ID实现搜索并关注。

在其他自媒体平台，需要注册相应的账号，并且注意相关规则。

今日头条，需注册头条号。

百度百家，需注册百家号。

一点资讯，需注册一点号，可以在文章末尾注明带上来源。

搜狐公众平台，需注册搜狐号，可以在文章中带上来源信息。

简书，需注册账号，可以在个人介绍里放上公众号信息，发布文章时可以向适合的几个专题投稿，扩大曝光量，但如果想获得首页热门推荐，就不能在文章中插入任何来源或广告信息。

知乎，可以注册个人专栏发布公众号文章，吸引知乎上的读者关注，从

而引流到自己的公众号；也可以把文章投到别的相关专栏，或者参与话题的讨论，带上公众号来源信息，增加曝光。

界面新闻，需注册成为会员，可以在文章中带上来源信息。

人人都是产品经理，需注册成为作者，其采用比较人性化的审核制度进行快速审核，不通过时会给出理由或者修改意见，修改后可以再次申请审核，投稿通过的文章会出现在首页和相应的栏目里。不可以在文章里附带品牌等信息，但可以在文末放作者介绍以及个人公众号。

当然，除了上面这几个平台之外，很多没有提及的发布平台信息可参考本书第六章相关内容。我们需要根据不同的公众号文章类型，找到最适合自己的投稿平台，才能更加有效快速地进行推广。

（7）利用社群推广公众号

主要是利用微信群和QQ群进行公众号内容的曝光以达到吸粉目的。这些社群都是由同一类型的人组成，包括合作群、互推群、阅读量群等，人数在几十到几百不等。社群里面既有我们公众号的潜在目标粉丝，也能为公众号内容带来二次传播。

首先你需要找到一些合适的社群。如何找？我们可以巧妙地利用豆瓣、知乎等社交平台进行检索。在加入相关的微信、QQ群以后，接着就是如何巧妙地把自己的文章、公众号推送给群里面的人。除了平时要经常在群里刷存在感、混脸熟外，还要注意在群里发布文章的好时机，比如在这个群正好有人说话、交流的时候。当然，最有效的手段是在发文章或者公众号名片求关注的时候附带一个小红包。俗话说，拿人手短吃人嘴软，领了红包自然就会乐意按要求办事。

5. 公众号追热点的正确姿势是怎样的?

有人存在的地方,就会有热点的出现和传播,并伴随着互联网媒介的力量渗透到各个角落。

每当热点爆发时,除了如同打了鸡血一般兴奋的媒体人、自媒体人外,还有一大波围观群众。他们大致分为两派:一类只对热点事件本身感兴趣,另一类除事件本身外,还特别热衷于围观媒体的"热点借势"大战,跑到各大官博官微凑热闹,甚至模仿某些品牌惯用的借势风格,自创段子。

热点事件一爆发,知名大号能靠蹭热点涨粉,不知名的小号也能靠热点事件写出10W+稿件成名。

什么是热点?

当某个社会性或局部事件,在某个时间段引起广泛关注时,就能称为热点事件。

多数热点事件都来源于现实生活,但由于互联网的渗透率更强,群众便于在网上讨论,所以往往先在互联网上爆发。

热点借势已经成为一种全民现象。基于此,微信公众号借助热点吸粉也就不难理解了。

(1)公众号追热点,有什么好处?

首先,追热点可以增加微信公众号的曝光率,刷存在感。

热点在短时间内被聚焦,刷爆整个朋友圈,而让公众号带上热点的标签,强势而又自然地进入话题当中,则能吸引大批围观者。当借势内容正好戳中这群数量庞大的受众时,会产生强大的连锁反应:除了关注公众号,大多数还会主动把内容转发到自己的社交圈。这样一来,就形成了二次甚至多次传播，公众号吸粉能不快吗？

其次，追热点是最简单、粗暴又有效的吸粉方式。很多公众号，每天阅读数只有几百，吸粉很困难。然而，一篇阅读量几万的公众号热点文章，一天就可以带来几百个粉丝增长。虽然后期会掉粉，但总能留下来一些。

当然，追热点最现实的好处是获取流量。热点爆发的当天，流量会非常大，大量粉丝主动搜索相关文章讨论。公众号借助这波流量，通过蹭热点发相关文章，可以带一波流量给自己的公众号，从而涨粉。蹭热点的文章即使水平比平时低，阅读量也会高于平均水平。

再者，追热点可以节省内容创作成本。对于自媒体编辑来说，平时绞尽脑汁想选题是一件头疼的事，但热点事件已经具备较多的信息，只要找准适合自己账号的角度，即可借题发挥，这无疑节省了内容生产成本。

（2）热点有哪几类？

根据热点形成以及传播的情况，可分为三类，即可预知的热点、不可预知的热点以及兼有可预测和不可预测性的热点。

可预知的热点，是指尚未发生的事件完全处于透明曝光状态，具体的时间、原因、构成要素、关键引爆点等都已被提前获知，并具有形成热点的强大基础。这样的热点大多数会在每年循环发生，最明显的例子就是各大节假日以及大型的电商购物节。比如，春节、高考、母亲节、父亲节、618京东购物节、天猫"双十一"等都属于可预知的热点。

不可预知的热点，就是指事先没有任何预兆突然发生的，短时间内形成病毒式传播的事件，带有"空降"的性质。比如，霍金死亡等。

兼有可预测和不可预测性的热点，是指已经知道这样的一件事情会在某个时间发生，但具体的引爆点无法预测，具有不确定性。

比如"315"，我们都知道这是每年3月15日准时发生的，然而，到底哪些品牌会遭到曝光，我们无法提前知道，具有不确定性。每年9月的苹果发布会也属于这类热点。

（3）正确的热点解锁姿势

首先，时效性第一，把握住最佳时机，特别是对于突发性热点。在热点事件出来后的头几个小时内，出现的爆文多数都是"曝光信息"类型。如果能在这个时间段内创作出一篇文章，就尽量发这种类型的文章，因为蹭热点速度越快，曝光信息越多，阅读量就越高。

其次，独特的借势角度和内容，做到与众不同从而脱颖而出，特别是对于失去了时间速度优势的借势。

再次，处理好热点与自己的公众号品牌、内容定位的关系。如果你的公众号背后是一个品牌或公司，有产品，那么就得选调性匹配的热点去蹭。文章不能伤害自身形象，必须符合商业定位。

最后，理性追热点，不要什么热点都追，切忌盲目跟风。特别是涉及价值观的时候，在蹭热点写文章前，要思考文章是否会涉及价值观，有的品牌类公众号就不适合发有价值观倾向的文章。

6. 企鹅号的运营方法

总的来说，企鹅号的运营方法是内容垂直、首发、原创、内容健康、选题佳。

企鹅号很容易申请，不过所有运营者都会先进入一个"新手期"阶段。新手期的设置，是为了让作者了解平台各项功能，熟悉企鹅号发文规范。

企鹅号注册完成，通过资质审核之后即进入新手期。新手期企鹅号等级为1级，可正常发布文章、视频，所发内容经过审核后，都有机会获得系统推荐。

要通过新手期，必须发表5篇内容。发满5篇内容，企鹅号会自动晋级至2级或3级。晋级主要依据新手期所发5篇内容的审核结果，优质内容更有助于账号获得更高晋级和更多指数加分。

若5篇内容均不合格，账号也会调整为2级，但所发内容若违规，则会受到扣除信用分等处罚。

运营企鹅号要注意以下几点。

①内容的垂直度。

领域一定要垂直。你注册的时候选的是什么领域，那么你发文的时候就必须是什么领域。你不能今天发军事，明天发娱乐，后天发美食。也就是说，从申请开始就必须保持领域的一致性。

②首发。

很多运营者都是一篇文章发布到很多个自媒体平台，而企鹅号却注重文章的首发性，也就是说，你必须把所写的文章第一个发布在它的平台。

③原创。

原创是所有自媒体平台的必备要求，特别是在试运营企鹅号时，必须每篇文章都原创。

④拒绝黄赌毒。

满足前面几点还不够，你的文章内容质量一定要好，特别是不能有低俗色情的东西出现，这点非常重要，腾讯对低俗是零容忍。

⑤文章选题。

最好就是当前或最近的新闻热点，结合你所选择的领域组织文章内容。注意，内容要和相关图片结合，不能乱配图。还有一点，没通过试运营前不要带广告信息，等你通过试运营后可以在文章适当放微信公众号的ID。

7. 如何利用小程序引爆社交电商？

（1）什么是小程序？

一般说"小程序"（Mini Program），即指"微信小程序"，微信公众平台网页如此介绍："小程序是一种新的开放能力，开发者可以快速地开发一个小程序。小程序可以在微信内被便捷地获取和传播，同时具有出色的使用体验。"

■小程序

在微信生态内，小程序是与订阅号、服务号、企业号并行的体系。小程序不需要下载安装即可使用，实现了应用"触手可及"的梦想，用户扫一扫或搜一下即可打开应用。企业、政府、媒体、其他组织或个人的开发者均可申请注册小程序。

小程序是如何诞生的呢？

2016年1月11日，"微信之父"张小龙在"微信公开课"上公开亮相，解读了微信的四大价值观。张小龙指出，越来越多产品通过公众号来运作，因为这里开发、获取用户和传播成本更低。拆分出来的服务号并没有提供更好的服务，所以微信内部正在研究新的形态，叫"微信小程序"。

2016年9月21日，微信小程序正式开启内测，引起广泛关注。2017年1月9日0点，微信第一批小程序正式低调上线。

2017年12月28日，微信更新的6.6.1版本开放了小游戏，微信启动页面还重点推荐了小游戏"跳一跳"。小游戏是一种小程序，"跳一跳"让更多用户体验了小程序。

（2）电商如何利用小程序？

尽管张小龙在2018微信公开课上指出，"小程序不是专门为电商准备的"，但由于强社交属性，且微信更容易触达不习惯使用App的三、四、五线城市和中老年人群，不少商家将小程序视为收割下一波电商增量市场的重要利器。

其实，微信觊觎做电商平台由来已久。早在2012年10月30日，腾讯就低调发布了"微商城"。微商城（又称微信商城）是基于微信而研发的一款社会化电子商务系统，以微信为媒介，实现商家与客户的在线互动，即时推送最新商品信息给微信用户，实现微信在线购物功能。微商城推出后，众多微信开发者、微信公众号运营者、传统商家趋之若鹜，纷纷以各种形式参与进来。

目前，相当数量的电商小程序从原来的微商城升级而来，主体框架基本相同。

小程序依托微信而生，而微信是强社交平台，所以小程序自带社交属性。在产品设计上，小程序借助这一优势，用常见的分享功能将内容共享延伸成一种新的交易协作模式。分享形式从静态图文链接引入，再转入第三方平台完成消费，继而转化为显而易见的商家动态信息，进一步简化交易过程。

小程序的使用体验，是"用完即走"，借助微信好友和群进行传播。比如拼多多小程序，上线半年访问量过亿，依靠的是一种拼团的思维。

品牌或企业若想通过"社交+电商"打造精品小程序，需要注意的是用户精准定位，这样才能刺激市场需求实现购买；策划的营销活动要有趣味性，具有可传播点，才能激发用户在社交平台传播并引起群体共鸣，最终实现营销转化；购物的引导要无缝和潜隐地植入在社交活动中，活动流程和激励机制的设计要简单，并利用利益点激发传播，避免引起用户的反感。

通过小程序的社交属性，可以放大用户的参与感，让用户深度参与到商家的每一个活动中来，打破用户心理屏障。小程序利用微信平台把做产品做服务做品牌做销售的过程开放，让用户参与进来，建立一个可触碰、可拥有、和用户共同成长的生态，真正留住客户实现流量的闭环。

（3）如何获取小程序的流量？

小程序根植于微信这个中国互联网最大的社交平台，天生就具有令互联网玩家们垂涎的流量优势。

小程序的流量渠道可分为线上渠道和线下渠道。

①线上。

A. 公众号关联：公众号可以说是微信生态圈的半壁江山，承载了大量的第三方服务与自媒体平台。与公众号实现捆绑与流量互导，可以为小程序赋予强大的能量，同时也解决了公众号粉丝变现的难题，这个赋能方式对于公众号关注量极大的企业或个人而言尤为便利。

B. 用户分享：包括好友分享、群分享。通过社交关系链使产品发生裂变扩散式的传播，这背后是对分享传播引导、活动设计、社群运营三方面的考验，也是线上产品设计和运营最值得去深耕的地方，小程序的到来无疑将进一步促进社群经济的活跃。

C. 主动搜索：这是最为主动的发现方式，用户需要知道搜什么并能用来干什么，然后才会选择使用你的小程序。这是对品牌运营的要求，在用户心智模型中植入"这个小程序叫什么名字，能帮我完成什么需求"，因此拥有良好品牌形象的大企业或场景化极强的工具类产品才能利用好这部分流量。

D. App分享用小程序打开：一般有一定装机量但还没有非常普及的应用可能会需要利用这个入口，用户无须在微信中唤起另一个应用而直接通过小程序体验服务，这样的流程拥有更好的用户体验。

E. 历史使用列表：已经被打开过的小程序会被记录在小程序的入口二级

页面列表当中,并且会按照你启动的先后顺序(由最近至最远)排列。历史使用列表,相当于二次揽客,小程序和公众号、H5、App最大的区别在于,点击即保存,在小程序列表里可以看到你最近打开过的小程序,这样可以最大程度地留存用户,让用户有更多的返场可能性,使积累用户成为可能。与苹果用户相比,安卓用户还享受了一个特权,即小程序的图标可以放到手机桌面上,这更模糊了小程序和传统应用的边界,也给予了用户更快捷方便的使用体验。

②线下。

A. 扫描二维码。线下有很多可利用和被优化效率的场景,最典型的应用场景就是O2O热点,例如点餐、排队、购票等,小程序可以在场景化服务中充当线上与线下的连接桥梁作用。

B. 附近推荐。小程序能够做到覆盖附近5公里所有微信用户,附近的小程序推荐入口会成为一些基于LBS服务的小程序的重要入口。

总结来看,小程序的线上流量依赖微信生态,天生带社交属性,这意味着需要利用好社交心理,才可以通过社交网络获得裂变式的爆发。小程序的线下流量主要基于LBS的场景化服务,充当着打通线上线下连通环节的关键角色。通过线上线下数十个入口进入小程序,用户和服务者可以享用微信生态中的支付、卡券和内容等基础设施体系,构建良好的用户体验。

(4)社交电商小程序如何做出爆款?

要做出爆款产品,就要抓住人性,小程序也不例外。火爆的电商小程序,需抓住以下两点来展开:炫耀和趋利。长久以来,这两点也是社交软件挖掘最深的课题。

炫耀是社交和工具类软件分享最重要的动力。健身和背单词类产品常常会设置"我坚持了××天"的分享页面,正是利用用户的炫耀心理。

面对利益的诱惑人们往往会主动得多。社交电商的拼团、砍价等产品形态都是利用了用户的这种趋利心态来激发扩散效应，从而推动自身强营销属性的产品成为爆款。

社交电商能够最大限度地利用炫耀和趋利的心理，并打通整个微信生态中流量—转化—变现的闭环。小程序将是一个承载社交电商的理想平台。

七、百度：不止是搜索

> 众里寻他千百度。蓦然回首,那人却在,灯火阑珊处。
>
> ——辛弃疾

1. 如何利用百度百科引流？

很多不太懂互联网，落后地区的人甚至根本不知道什么叫"互联网搜索引擎"，但大家就是相信百度百科。可以说百度百科用户的普及率、认可度和权威性都非常高，它对产品树立品牌形象来说特别有帮助。

■ 百度百科

百度百科是百度公司推出的一部内容开放、自由的网络百科全书平台。其测试版于2006年4月20日上线，正式版在2008年4月21日发布，截至2018年2月，百度百科已经收录了超过1520万个词条，参与词条编辑的网友超过644万人，几乎涵盖了所有已知的知识领域。

"世界很复杂，百度更懂你"，百度百科旨在创造一个涵盖各领域知识的中文信息收集平台。百度百科强调用户的参与和奉献精神，充分调动互联网用户的力量，汇聚上亿用户的头脑智慧，积极进行交流和分享。同时，百度百科实现与百度搜索、百度知道的结合，在不同的层次上满足用户对信息的需求。

相比其他的营销手段，百度百科更多的是建立品牌认知。就像普通人的名片一样，百科就是企业品牌网络上的一张名片。百度百科一旦做出来就是永久性的，只要内容合理、参考真实，它就一直存在，一般投入也不高。

（1）百度百科有哪些细节技巧？

①百科文案不要出现浮夸词，例如"最好""第一""好评"等，如有尽量都删掉。

②在编辑百科文案过程中，尽量添加2至4张相关图片，增加这个百科的丰富性，提高收录的价值。

③在编辑百科文案过程中，多设置一些相关内链，多设置一些技术术语、行业词等，增加该百科创建的必要性，提高创建成功率。

④最后就是最重要的参考资料选择了。参考资料需要来自权威门户网，例如新浪、搜狐、网易、腾讯、地方日报等，切忌发一些无人知晓的小站。文章要以新闻稿形式插入相关板块内容，来源权威最好直发，文章底部不能有免责声明。

（2）百度百科快速通过攻略

百度百科所谓的标准规则很难摸清，其进入门槛、审核规则都很细，并且随着时间变化、技术发展，规则也在不断更新。

但无论如何，百度百科都很值得做。作为百度最优的UGC（User Generated Content，用户原创内容）产品，它有优先的排名优势，百度排名机制给百度百科的权重很高，PR（Page Rank，网页级别）达到8，相当于拥有了天然的SEO优势。只要有相关百科词条，去百度搜索，一般都是第一页的前三五名，最差也基本都是首页。

到底怎么做百科才能通过呢？

首先，内容要过关。内容新闻性不够，含有商业性、广告性强就会被直接砍掉。参考资料要体现新闻六要素：时间、地点、人物和事件的起因、经过、结果。因为是新闻，所以不会大篇幅介绍企业的背景、历程、个人经历等。

内容描述得太硬也不行，要比较权威、中立，像个说明文一样。说奇葩点，有时一个标点符号错了都不给过，遇上周末审核人员少，也会延长审核周期。

然后，要注意更新频率。每次更新的内容不要太多，更新要从易到难，同时不要频繁更新，多次更新失败会拖慢审核进度。

最后，要完善与优化排名。真实的用户点击会提高搜索排名，多鼓励身边的人给百科词条点赞、收藏、分享，这些都会促进排名。百度官方还有很多权重因素，计算方式比较复杂，属于商业机密，需要通过摸索慢慢发现。

2. 百度贴吧快速通过攻略

百度贴吧的创意来自百度首席执行官李彦宏：结合搜索引擎建立一个在线的交流平台，让那些对同一个话题感兴趣的人们聚集在一起，方便地展开交流和互相帮助。贴吧是一种基于关键词的主题交流社区，它与搜索紧密结合，准确把握用户需求，为兴趣而生。

■ 百度贴吧

贴吧的使命是让志同道合的人相聚。贴吧的组建依靠搜索引擎关键词，不论是大众话题还是小众话题，都能精准地聚集大批同好网友，展示自我风采，结交知音，搭建别具特色的"兴趣主题"互动平台。贴吧目录涵盖社会、地区、生活、教育、娱乐明星、游戏、体育、企业等方方面面，是全球最大的中文交流平台，它为人们提供一个表达和交流思想的自由网络空间，并以此汇集志同道合的网友。

虽然贴吧已经存在很多年了，但目前的活跃用户仍然非常多。贴吧是圈住一个社群，把相同兴趣爱好的人聚在一起，只要你把这个点抓住就可以了，没有所谓的饱和度。那么，怎么做贴吧运营呢？

首先，搭建框架。没吧的话建吧，管理员、吧主能抢就抢下来，掌握主导权。如果已经是别人的吧了，可以和群主沟通占个好位置，一起用好内容把贴吧发展得更好。

第二，铺内容，做内容规划。内容不是非要特别多，但至少别让用户一进来什么都看不到。日常内容生产、活动都要做好规划，这些做起来，原创内容有了，搜索排名也会提升，从而构成用户转化，积累粉丝社群。

前期PGC（Professionally generated Content，专业生产内容）多些，后期可能UGC偏多，用前期的优质内容带动后期的内容。一般产品型的贴吧后期运营没那么重，产品好用户自然就进来了，形成对产品的各种讨论，此时做好舆情监控就可以。但如果是品牌型的贴吧，如果别人不关心你的品牌，就会比较依赖运营。

需要注意的是，帖子里留QQ号、链接会被删帖。一楼要留给百度，这个楼层审核比较严格，最好不要放太多内容。

如果自己有持续生产原创内容的能力，同时有自媒体账号体系，可以做长期运营。主要靠的是内容团队，两三个人基本就可以做到，其中一个执行人员要对互联网有一定的认知度，要是他比较外行，可能会影响执行效率。

3. 百度知道快速通过攻略

百度知道是一个基于搜索的互动式知识问答分享平台，发布于2005年6月21日版。"百度知道"的搜索模式是用户自己有针对性地提出问题，通过积分奖励机制发动其他用户来解决该问题。同时，这些问题的答案又会进一步作为搜索结果，提供给其他有类似疑问的用户，达到分享知识的效果。

■ 百度知道

用百度知道引流的存活率是比较低的,有时发100个内容也就30至40个能成功活下来。那么怎么设计一个"长期活着"的问题呢?

首先,账号要健康,IP正常,不能有违规记录和不良操作记录。

第二,看推广目的,企业是想推品牌还是推产品。

第三,确定关键词,通过百度指数选择用户经常搜索的长尾词。如果你做的东西用户不搜索就没意义,因此要根据用户习惯做优化,提升用户对你产品的认知,提升产品曝光度。只要关键词铺好,内容做上去,自然会有一些用户搜索你。

第四,关于点赞、收藏,不建议刷量和集中点赞,要通过搜索关键词点赞。点赞、收藏、转发的重要程度不是特别高,大概占20%的分量,没有明确的占比。不建议淘宝刷量,一个IP出来的赞会被检索到。可以发给朋友、同事,下班后没事儿点个赞,效果可能更好。也有一些专门的渠道,比如互相点赞的那种社群,可以让他们通过搜索关键词点赞,而不是直接从链接进去操作。

最后,分析用户属性。定位出你的用户属性,是一、二线城市坐在电脑前用PC端进行检索,还是相对滞后的城镇用手机上网。定位用户身处的区间,有什么样的用户习惯。

4. 如何用百度文库引流?

百度文库,即百度发布的供网友在线分享文档的平台,其中,文档类型包括教学资料、考试题库、专业资料、公文写作、法律文件等。至2018年,百度文库的文档数量已经突破2.4亿,流量充沛,用户需求强劲。

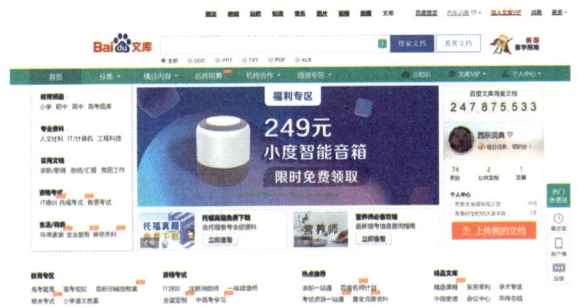

■ 百度文库

相对于贴吧发广告引流日益艰难，百度文库引流无须大量账号，因为你上传的每篇"高精尖资料"都是一个独立的、合法合规的引流诱饵，作用等同于贴吧抢楼发广告的账号。

百度文库的引流逻辑是，准备行业优质内容→整理上传→吸引潜在粉丝阅读→引导关注添加。

那么，怎么用百度文库引流？

（1）第一步，分析需求

百度文库拥有各种垂直行业的巨量粉丝，几乎能满足大部分饥渴创业者。但是记住，无论你对流量多么饥渴，不能一上来就饥不择食。做任何生意，分析需求是第一步。正确做法是，根据产品或商业模式锁定人群，再寻找该人群感兴趣的内容制作引流诱饵。

比如，模特找工作会搜索简历模板，所以上传"模特简历模板"可吸模特粉丝。因为大额闲置资金的投资者会关注海外资产配置，所以上传"海外房产信息"可用来吸高端男女粉丝。上传茶道知识文档，即可被动吸引"茶"爱好者进行销售转化，有了百度文库，卖茶小妹再也不用累死累活引流了。上传"职称认证考试类"资料，还能直接引流到个人微信或网店销售资料赚钱。

变现模式不同，引流诱饵不同，只要轻轻动一下脑子，你就能找到各类粉丝。

(2) 第二步，收集优质内容

锁定人群，分析出他们一定感兴趣的内容后，你需要收集优质内容，制作引流诱饵。如果你平时没有积累，也没有大把时间进行写作、研发，只要收集优质内容做修改即可。

收集内容渠道可根据你的领域来选择，各行业通用的有知乎、中国知网等，也可购买专业书籍做参考。

(3) 第三步，修改文档

在这里特别提醒，一定要尊重知识产权，在合法的范围内使用别人的劳动成果。收集到优质内容，在尊重版权的前提下，可以进行二次采编（即修改标题、优化语句等），将别人的内容变成你自己的。

标题如何优化？文档标题以用户使用百度搜索习惯命名，可直接提高文档被检索率、打开率，进而提高下载率。

如何引流呢？如果直接在文档前或显眼处放置微信号、网址或二维码，被拒的概率较大。可以试试在PPT或Word文档最后一页放二维码，或在页眉页脚放网址。

文档排版建议图文结合，排版整齐干净，方便阅读。文档3至6页最佳，请勿超过10页。从文档类型的引流效果上来看，PPT优于Word，Word优于PDF。

(4) 第四步，上传文档

如果提交文档多次审核不通过，易被系统降权甚至删除以往上传成功的文档，保险起见，可以准备3至5个百度文库账号。新账号需要每日下载3至5份文档，并进行评价等操作，养号1至2周。同一个账号请勿发布相同主题或相同内容。上传文档务必填写文档简介，填写简介与摘要可极大提高通过率。因为文档排名受评价影响，评价越多越好，排名越靠前。所以，对于已上传成功的热门下载文档，请使用多账号相互评论，以维持文档排名。

5. 如何玩转百家号？

（1）百家号的流量来源

百家号是百度为内容创作者提供的内容发布、内容变现和粉丝管理平台。百家号于2016年6月启动并正式内测，9月账号体系、分发策略升级，广告系统正式上线，9月28日正式对所有作者全面开放。百家号的使命是帮助内容创作者"从这里影响世界"。

百家号

百家号的流量来源主要有3个：手机百度（手百）、百度搜索、百度新闻。目前流量来源主要是手百。

（2）百家号的爆文因素

标签：每篇文章在发布前都会让你选择标签，不能手动填写，标签的选择和话题有直接的关系。

话题：这是很重要的一个因素，在手百展示的文章里面，拥有话题的文章会获得更多的推荐，一旦你的文章还在话题里面，阅读量是不会断的。

评论：在测试的过程中并没有发现评论会影响爆文阅读量的提升，这点和头条很不一样。

（3）百家号的领域与等级

领域：百家号的领域很关键，在收集到的数据当中，爆文多产生于综合、娱乐、情感等领域，反而百家号刚开始的主打频道科技和财经很少有爆文。

等级：虽然官方没有数据，但是根据网友得来的数据，手百流量更多倾向于新手号，所以新手号获得爆文的概率比其他等级多。

关于收益：百家号是自媒体平台中极少数只需要注册后发文就可以获得收益的平台。收益主要取决于以下几个因素：阅读量、阅读完成率、账号等级、领域、文章体量。

关于发文：百家号总共可以发三种内容：文章、图集和视频。在手百里面，图集和视频占据的视觉空间比较大，不过视频审核时间比较久。

（4）账号准入与内容审核

百家号设置了账号入驻规范，从源头拒绝恶意营销、冒名顶替等伤害用户的行为。百家号有个人、媒体、企业、政府、其他组织五种账号类型，供运营者根据实际情况选择。

在注册账号审核不通过时，需检查账号名称、签名、头像、身份证照片是否规范，申请领域与账号名称是否一致，其他常见不合规情况包括：

○ 以个人名义申请军事类内容的账号；

○ 个人申请时使用企业、明星、品牌等机构名称；

○ 企业百家号的定位与企业经营范围不相关，如科技企业申请搞笑、情感等分类账号。

○ 暂不开放医疗、股票类账号申请。

此外，内容审核版块具有查重功能，平台在推荐一篇内容前，会确定这篇内容在系统中是否存在相同或高度相似的内容。如果存在，平台会提示用户"内容重复"；如若涉及侵权，作者可以发起申诉，保障原创作者权益。此功能的推出能防止用户在信息流中看到雷同的内容，也在一定程度上鼓励作者原创。

（5）百家号指数和作者等级体系

百家号指数是通过对作者的内容质量、领域专注、活跃表现、原创能力、用户喜爱五个维度的计算而得出的客观评分结果。分数越高，代表账号的质量越好，越能获得更多的权益。

百家号指数通过机器和人工评定的方式评估作者的历史表现（截至你打开百家号后台的前一天），由五个维度的账号得分加权计算得出，每个维度的满分均为1000分，分值越高说明作者在该维度的表现越优异。

内容质量：作者所创作内容的质量越高，发布数量越多，得分就越高。

原创能力：作者发布的原创内容越多，数量占比越高，原创能力维度得分就越高。

活跃表现：发布内容的频次越高、连续性越强得分越高。

领域专注：发布内容的分类越统一，分数越高。

用户喜爱：读者的点击、停留、转发、评论、收藏、关注等都是在为账号用户喜爱维度加分。

想提升百家号指数，需综合提升内容质量、原创能力、活跃表现、领域专注、用户喜爱五个维度的分值，任何一个维度的"偏科"，都将影响整体分值。

如何提高内容质量分值？

○ 不做"标题党"，标题中不使用夸张、诱导性词语，题文相符，客观准确。

○ 内容观点积极，内容有信息量、完整，有一定的深度和广度。

○ 提升内容可读性，格式清晰，配图美观。

○ 宁缺毋滥，请勿发布低质文章。

○ 遵守平台规范，不发布淫秽色情、谣言、广告等平台禁止的内容，具体内容参照平台规范。

如何提高原创能力分值？

○ 发布原创内容，杜绝汇编、整理、摘抄。

○ 积极申请原创作者认证，并为原创文章打上标签。

○ 百家号首发。

如何提高活跃表现分值？

○ 每日发布至少1篇文章。

○ 连续多日发布内容，有额外加分。

○ 鼓励手动发布内容，并积极参加平台活动。

如何提高领域专注分值？

○ 作者可以发布各个领域分类的内容，但平台鼓励作者专注地创作所擅长领域的内容。系统会根据账号的入驻领域，结合作者发布内容的分类习惯，判断出作者所擅长的领域。作者发表擅长领域之外的内容，账号领域专注分值会降低。

如何提高用户喜爱分值？

○ 内容的阅读量或播放量越高、用户的停留时间越长、传播的范围越广、粉丝数越多、转发量越大、收藏量越多，用户喜爱指数分就越高。

○ 通过作弊手段提升阅读量和粉丝数，都会影响得分。

（6）百家号运营方法

结合热点，内容垂直，配图美观，空闲时间发布，持续更新。

①文章含热门关键字，具备话题性但不低俗。

百家号会根据用户搜索的习惯推荐文章，比如春节前用户经常搜索"春节抢票"，那么一篇标题含有"春节抢票"的优质文章则会在用户使用百度时呈现在用户眼前。

另外，标题要吸引人，标题是吸引读者的一个关键，所以标题必须简洁有力，不过不可低俗，因为每篇文章百家号都会审核，低俗的不会通过，甚至是封号。

②根据文章定位选择恰当的分类。

这点很容易理解，根据你百家号选择领域来写相关文章。

③使用清晰度高且符合主题的封面图。

读者第一眼看到的是标题，第二眼便是图片。清晰有吸引力的图片能有效引导读者打开。

④选择适当发布的时间。

建议大家选择空闲时间段，比如上班路上或晚上，空闲时间有助于提高文字阅读量。

⑤持续更新。

初级账号每天可以更新一篇文章，当你连续更新一段时间，且文章阅读量高的情况下，百家平台会将账号等级升到"中级"，你的账号等级越高，相对应获得曝光以及推荐的机会也就越多。

八、阿里：流量虽大，却不一定属于你

> 走进一个神秘的山洞,里面都是钱财。
>
> ——陈彼得《阿里巴巴》歌词

1. 淘宝的客户数据可能只是一场空

对于互联网创业者来说，在淘宝等电商平台获取流量非常难。

首先是因为平台属性，造成获取新客户的成本极其高昂。

这些电商平台的流量是闭环的，流量只能进，不能出，把平台流量都牢牢控制在它自己手里。要想从中获取流量，就必须"砸钱"。获取淘宝SEO搜索流量，就要砸钱刷单；做淘宝活动，要砸钱；买淘客、直通车，都要砸钱……谁砸的钱多，对谁照顾的就多。

花钱砸广告就有新客户来，一旦停止投入就一夜回到解放前，大多数淘宝商家苦不堪言。

其次是老死不相往来的客户习惯，要永远花精力花钞票获取信任。

大多数淘宝用户购物的场景是怎样的呢？假如客户想买一个剃须刀，先打开淘宝搜索"剃须刀"等关键词，然后看到数以千万计的剃须刀产品，用户可以根据销量、价格等元素进行排序，然后点击链接选择产品，重复选择几个剃须刀产品进行对比，最后意向确定，咨询客服，下单、付款。

等到整个流程的尾声，用户才跟商家真正开始接触，而且接触也只有两个结果，要么成功下单，要么不成功走人，商家连挽回这个客户的机会都没有。而且因为都是新客户，商家需要在客服以及详情页、店铺首页等地方花大量精力钞票来做信任，那么留给商家升级产品、升级服务的精力和金钱就所剩无几了。

再者，平台机制不允许你有老客户，所谓的客户积累、老客户数据，其实都是一场空。

因为大多数客户只是通过关键词或其他广告渠道到你店里买了一次或几次产品而已，跟你都没说过几次话，无法记住你，也不会有意添加你的微信等联系方式。

所以，即使你手里攥着几十万的客户数据，也不要一厢情愿地把他们当成你的老客户了。

这就是传统电商平台的劣势。卖家要想走出水深火热的境地，就要转型社交电商。只把淘宝当作一个交易平台，附带获取一点儿淘宝平台流量即可。

2. 私域流量成了传统电商的救命稻草？

2018年"双十一"之前，阿里提出让商家重视私域流量的运营。

对于这一次"双十一"，天猫向商家建议："前期注重公域积累用户，后期注重私域运营黏性。收藏、加购后的权益、利益点刺激可增加转化。"

对于传统电商来说，公域流量已成瓶颈，私域流量似乎成了最后的救命稻草。

那么，什么是公域流量？什么是私域流量？

公域流量，就是在公共范围内每一个商家都能够获取的流量，现在基本上所有有来源入口的流量都是公域流量。

公域流量包括官方搜索展示的渠道，有好货、必买清单、手淘搜索、每日好店、淘宝直播都算是公域流量。

换言之，公域流量是商家只能以付费或者活动等方式，想方设法满足平台规则而获取的流量，是无法留存的。

私域流量是指我们通过自己运营能获得的流量。像微淘、问大家、群聊、穿顶搜索、店铺搜索页、买家秀、直播等都是私域流量，包括用户主动点击店铺关注成为粉丝，以及沉淀在微淘内容页、直播间的流量，私域流量是商家能够自由运营的。

说白了，公域流量就是大盘流量，即整个淘宝、天猫或者京东的平台流量；私域流量，从字面来讲，就是属于自己的流量。

天猫、淘宝商家应该如何抢夺私域流量呢？把自己的客户资源圈养起来，通过社群互动，提高老客户的回购率、复购率。老顾客的维护对强化店铺和产品的人群标签，又起到至关重要的作用。

但是，这一切做起来又很难。

因为私域流量最好的地方，并不是淘宝、天猫，原因在于他们天生没有互动属性。私域流量重在运营，运营重在互动。私域流量最好的地方是微信个人号、公众号、微信群、小程序或者抖音等。

这恰好证明了，社交电商才是传统电商转型升级的必由之路。

3. 如何利用微博引流？

微博引流有四种方式，包括上热门、话题引流、用户排名、粉丝通推广。

（1）上热门

热门前三应该是微博最主流的引流方法，即通过搜索端搜索后首先能看到的广告。

因为客户是带着目的主动来搜索的,说明他有相关的需求,所以,虽然这个微博引流客源没有那种爆炸的效果,但是比较稳定,而且精准度很高。

那么,怎么才能做上去呢?首先你要有一个微博实时号。

微博实时号,是指别人在微博搜索引擎中搜索关键词或者某句话的时候,能够看到你发的内容。

比如,别人在搜索"霍金逝世3周年"这个关键词的时候,能够在综合板块看到这个实时号发的微博。能够出现在微博综合显示里的均为实时号。

如何养成实时呢?想成为实时账号,就要知道新浪内部的规则,规则虽然一直在变,但总体原则是不变的,博文内容和活跃度是养成实时号的重点。

①不要异地登录,切勿短时间内大量删除微博,否则会导致账号异常。固定终端登录,不要频繁切换手机和网页版登录微博,容易造成安全风险。

②把手机端账号控制在3个以内,而且不要相互刷转发点赞或者评论。

③坚持原创,图片最好也是用原创的。新浪微博不会收录重复的内容,包括文字和图片。如果直接保存别人的图片你再发到微博,也会被算作重复内容,微博是不收录的。

④尽量自己写微博,因为原创微博被收录的概率很大,很容易上综合,可以借鉴参考,但不能抄袭照搬。减少营销词汇、敏感词汇、违规词、广告词等。

⑤内容样式多样化,比如纯文字、文字+图、文字+视频、长文章,这几种样式混着发比较好。每天坚持更新微博,多发几条,每隔六七个小时发一条,就能保证一天之内你的账号是活跃状态。

⑥经常参与话题讨论,提升微博活跃度,阅读量多权重会增加。

能做到这几点,大概过半个月,你的微博就是实时号了。注意,实时号不是永久的,如果不好好去经营,它会降级为普通号。

然后，怎么做热门呢？通过转发和点赞，做到热门上去。只要你维护得好，它会一直在前面不往下掉。如果不做热门，你发上去的广告，会被做热门的同行顶下去。增加曝光量，要先转发再点赞。

（2）话题引流

话题引流，不需要有实时号，随便一个普通的小号就可以。你想做什么广告，就去搜索这个广告词，然后选择与他相关的话题。比如你是做减肥药的，就可以去寻找与减肥相关的话题。你在微博搜索减肥，那你肯定能看到与减肥相关的话题，也可以创建话题。

话题引流的操作和百度贴吧引流的原理是一样的，通过话题博文发广告，然后把你的广告一直顶到前面，从而提高曝光量达到引流的效果。发话题博文，你评论一条它就第一名了，掉下去后你再评论一条又是第一名。这个很简单，但是话题引流一定要选择有一定热度的话题。

（3）用户排名引流

微博用户排名引流的效果很稳定，是自动化的引流方法，只要你的排名做上去了，它就一直稳定在上面，基本上不用操心，隔十几天去看一下就行了，后期简直就是躺赚。

用户排名到底是怎么做上去的呢？首先你要有一个号，最好是达人号高等级，十五级或者二十级以上，它在达人号的头像旁边有一个五角星标志。达人号对这个用户排名有加权的帮助。第二步，把你的这个账号的昵称改成与产品相关，比如说临时代理你就改成临时代理找我。第三步就是获取粉丝。你的粉丝质量一定要过关，僵尸粉过多的话，不但对你排名没什么好处，而且伤害非常大。

(4)粉丝推广

微博官方的广告平台提供多种服务,包括超级粉丝通、粉丝头条等,还可以进行应用推广。

微博粉丝推广,属于官方广告投放,成本比较高。有些行业还是非常适合的,最好找团队来投放广告。你投的钱越多,曝光量就越高,它会给你展示推荐到更多的人群。

九、今日头条：一个横空出世的流量帝国

> 即使你不喜欢现实,也要承认现实。其实越是你不喜欢,你越应该承认现实。
>
> ——查理·芒格

1. 今日头条是如何崛起的？

中国互联网流量，原本已经是BAT三家的三国游戏，但令人意想不到的是，今日头条却横空出世。

■ 今日头条

"头条系"是怎么崛起的呢？

2011年，张一鸣通过新闻了解到，当年智能手机的出货量相当于之前三年的总和。于是，次年3月，他辞去房产搜索引擎"九九房"的CEO职务，创办了"字节跳动"，做出内涵段子、搞笑囧途等一系列内容产品。

2012年8月，"今日头条"上线。据其官方介绍，这是一款基于数据挖掘技术的个性化推荐引擎产品，它为用户推荐有价值的、个性化的信息，提供连接人与信息的新型服务，是国内移动互联网领域成长最快的产品之一。

今日头条上线3个月，积累用户数就过千万，成为内容领域的一个"异数"。它没有一个编辑，不生产内容，对手却是《南方周末》、《扬子晚报》、《楚天都市报》、《齐鲁晚报》这些传统媒体，以及四大门户网站和新闻客户端。

今日头条这款产品最大的特点就是针对内容的智能算法推荐。所谓智能算法推荐，就是把合适的内容推送给合适的人，平台相当于精准流量分发机器。但是，张一鸣引以为傲的"算法"，却是媒体人竞相攻击的靶子。新京报网、搜狐网、《广州日报》等媒体，都曾因版权问题与今日头条开战。他们愤怒，自己辛苦创作那么多年，才那么点儿用户，而今日头条毫不费力地把这些拿去，换来了大把流量。

今日头条崛起有两个最重要的原因，一是流量红利，二是算法精准。此外，就是所有人诟病的低端（俗称Low）。

大家都喜欢高精尖人群，用尽各种运营手段提高这些用户的比例。对于三低人群（低年龄、低学历、低收入）则是爱答不理。今日头条的主流用户群刚好就是后者。

在中国这片广袤的土地上，受过高等教育的人只有十分之一，而我们津津乐道的移动互联网"人口红利"，三低人群占据着绝对比例。当年今日头条通过手机预装软件收割的增量用户，构成了头条帝国的一块基石。

2014年是至关重要的一年。微信公众平台的繁荣，吸走了全国最优质的创作者。头条号后来居上，用更大的流量和更高的收益，试图与其分庭抗礼。

2016年，今日头条广告营收达到60亿，估值80亿美元。许多人不信并且嘲笑这个估值，而到了2018年，今日头条的广告营收预计在300至500亿，传出的最新估值也达到了300亿美元。2017年已经有7亿用户使用今日头条，今日头条月活跃用户2.19亿，日活跃用户数已经达到了1.2亿，而中国整体网民数量也不超过8亿。

流量是今日头条赖以生存的根本。为了扩大内容源，今日头条推出了头条号。

不断加码的扶持计划，让今日头条迅速聚拢大量创作者。2015年推出"千人万元"计划和内容创业孵化器，2016年头条号总数就从3万迅速涨到30

万，翻了10倍；2016年砸10亿元扶持短视频创作者，今日头条成为仅次于快手的第二大短视频软件。随着头条号生态的繁荣，很多追着骂头条"小偷"的媒体，开始主动在头条分发内容，某种意义上被"自动收编"。至2018年，今日头条在全球共拥有1亿多创作者，已经变成了"全球创作与交流平台"。

寻找新流量是一方面，更重要的是激活现有流量。2016年5月，今日头条上的视频消费总时长已经超过了图文。张一鸣当即决定在短视频上押上全部筹码。

■ 今日头条App

2017年6月，头条视频更名为西瓜视频。同时抖音开始有燎原之势，今日头条的短视频矩阵逐渐清晰。从内容上看，西瓜视频对标秒拍，火山小视频对标快手，抖音对标美拍。

西瓜视频出来没多久，头条问答就变成了悟空问答。2017年下半年，先是传言今日头条挖走知乎300个大V，紧接着悟空问答又邀请各专业达人入驻。

再到后面，陆续有今日头条旗下的新产品爆出，比如专注汽车的懂车帝、专注财经的钠镁股票、美妆平台泡芙社区等。

2. 如何玩转头条号？

■ 头条号

（1）如何增加头条号指数？

头条号要想长期获得高流量，头条号指数就要尽量高。

头条号指数由原创度、健康度、活跃度、专业度以及互动度五个维度组成，这五个维度的分值越高，则头条号的指数越高。

提高头条号指数有以下方法：

①原创度：坚持原创，提升内容质量。

不仅要坚持推出原创内容，内容的质量也很重要，质量好的内容才能减少跳出率，只有抓住用户的"胃"，用户才能用心看完每一篇文章，这样原创度才能满分。

②健康度：图片美观，内容健康，不过分标题党。

头条号健康度主要有以下三个方面考核：

A. 图片大小、美观度

B. 内容是否健康

C. 文章标题和内容是否严重失实（通过夸张的标题来吸引读者点击，配上名不副实的内容，头条号是坚决打击的，很有可能会审核不通过且降低头条号的健康度。）

③活跃度：定时更新。

运营者只要每天定时更新一篇文章到头条号且审核通过，活跃度就会提升。

④专业度：文章和专业领域一致。

在注册头条号时选对专业的领域后，产出的文章越专业垂直，头条推荐才能越精准。虽然我们可以在多个板块（美食、旅游、体育等）发内容，但如果发布的文章不在选择领域内，会降低专业度的评分，从而影响头条指数。

⑤互动度：增加和读者的互动。

当读者评论文章时，要主动去回复，持续与读者互动，这样能增加头条指数的互动度。除了与读者互动，主动去评论别人文章，得到较多的认可获并得热评就有机会被推荐到首页，从而为自己带来曝光获得点击量与订阅量。

（2）头条号如何快速通过新手期？

第一，确定好领域。要有垂直度，最好是自己擅长的，或者是自己喜欢的。如果你申请的是综合号、娱乐等热门领域，新手期肯定是艰难的，甚至你几个月都是为头条无私奉献。

第二，一定要原创。很多新人说我不会原创，只能从别人那抄袭。那我告诉你，你的自媒体即使经营起来，也会被人举报投诉。没有金刚钻，别揽瓷器活。

第三，坚持，持之以恒。有些自媒体人说了，一篇文章10万阅读，居然只挣了五毛钱，写着真没劲啊！如果你只是抱着赚点儿广告费的目的，我劝你还是别干了！做自媒体不能跟风，也不能三天打鱼两天晒网。你要做的就是坚持，知道自己为什么做自媒体，别被眼前的蝇头小利所诱惑。

第四，内容。起初如果没有太多吸引眼球的内容，可以到微博或者百度风云榜查一些热门事件，根据这些事件去撰写评论，想办法引起网友的共鸣。

第五，千万别写头条反感的东西。某些自媒体人只注重标题，根本不考虑内容。甚至几张图片也是一篇文章，用标题吸引人，大家点进去后发现只是几张不起眼的图片，这是最不可取的。

第六，做个有内容的标题党。看头条的大部分是三四五线城市的市民和农村的抠脚大汉，其实内容也不用太丰富，但是一定要接地气、实用，要么就博得他们一笑，或者赚取他们的感情。为什么情感类的文章头条推荐最高，阅读量最高？就是这个原因。

第七，做出自己的特色。很多人今天这种风格，明天又换另一种风格。或者看谁的点击率高，就效仿谁的模式。结果没有做出自己的特色，没有获得网友的黏度,这样做下去只会让自己越做路子越窄。

(3) 头条号如何获得海量推荐量?

无论是看在钱的分儿上,还是看在平台庞大流量的分儿上,貌似在今日头条这个海量流量平台开个头条号已经成了广大自媒体的标配。

但是,有些人在今日头条的文章动辄几十万、几百万甚至上千万阅读,但有些则只是几十、几百的流量,头条号区别于微信公众号的关键就在于其算法推荐机制。

微信上,粉丝读到一篇文章主要是从两个地方,一是在公众号内,源于自己的主动关注;二是在朋友圈,源于朋友推荐。但在今日头条上,用户读到的文章基本源于平台智能推荐。两个平台上阅读来源的区别,造成阅读表现的巨大差异。

公众号内容的阅读量与粉丝高度相关,百万大号几乎篇篇10万+,小号难得上万。但对于今日头条来说,即使零基础,也可能产出100万+爆文。

所以说,在微信流量主要被大号把持、小号脱颖而出越来越难的情况下,今日头条的推荐机制对内容生产的新人来说就显得更有利。如果内容优质,小号也能获得可观的曝光量,账号通过推荐能够持续不断触达新用户,获取更大范围的曝光度,建立起知名度。

那么今日头条海量文章推荐的机制是怎么样呢?为什么有的文章展现量几百万,有的却只有几十?下面我们就揭秘今日头条文章推荐机制。

今日头条文章的智能推荐机制是个性化推荐机制,最大化保证推送的精准度,尽量保证对的文章推荐给对的人,一句话就是:你关心的,才是头条!

机器算法并没有能力去判断一篇文章的质量高低,推荐机制是通过初次定位推荐,然后接受反馈调整,再做二次推荐。算法不是死的,也不是固定的,而是处于动态调整之中。影响推荐的因素可以分为两部分。

第一是长期性因素，就是下面几个指标：定位、互动、发文频率。

每一个头条号都是一个品牌，过往的主观努力和历史成绩会成为影响算法的重要因素。对于一直很受欢迎的账号，算法在推荐时肯定会给予更高权重。

另外就是短期因素，也就是具体单篇文章的好坏，点击率、读完率、站外热度、分类等元素非常重要。

初次推荐如果完全由算法机制决定的话，那么文章的选题热度、定位、点击率和读完率就基本上取决于创作功底了。

从读者的角度来看，推荐机制大概是这样的：

相似文章、主题相似性的推荐：通过获取与用户阅读过文章的相似文章来进行推荐。

基于相同城市的新闻：对于拥有相同地理信息的用户，会推荐与之相匹配城市的热门文章。

基于文章关键词的推荐：对于每篇文章，提取关键词，作为描述文章内容的一种特征，然后与用户动作历史的文章关键词进行匹配推荐。

基于站内热门文章的普适性推荐：根据站内用户阅读习惯，找出热门文章，对所有没有阅读过该文章的用户进行推荐。

基于站点分布来源的内容推荐：通过用户阅读的文章来源分布，为用户计算出20个用户喜欢的新闻来源进行推荐。

基于社交好友关系的阅读习惯推荐：根据用户的站外好友，获取站外好友转发评论或发表过的文章进行推荐。

基于用户长期兴趣关键词的推荐：通过比较用户短期和长期的阅读兴趣主题和关键词进行推荐。

基于相似用户阅读习惯的列表推荐：计算一定时期内的用户动作相似性，进行阅读内容的交叉性推荐。

当然，今日头条个性化推荐算法肯定不止这么多，但总的来说，今日头条的智能推荐引擎会根据内容质量、内容特征、首发情况、互动情况、媒体的历史表现、媒体订阅等情况，为文章找到感兴趣的读者并推荐给他们。

那么，我们怎么做才能让文章被更多人看到呢？

①尽量在今日头条上首发你的文章，因为这也是今日头条推荐机制的一个标准。首发原创是根据后台的文章来判别，如果文章之前发过的话，机器会自动进行消重减少推荐。

②多号召别人在文章底部互动交流，你自己也可以参与到互动中去，互动情况是今日头条文章推荐机制中很重要的一个标准。你可能注意到这种情况，一个写得不怎么样的文章，底部充满骂声，不断有很多的互动，结果推荐展现就是多，因为本身有争议的话题就是有看点的。

③标题吸引眼球，有点击欲望。点击多阅读就多，阅读多，相应的推荐也会多。

④让更多的人订阅你的头条号。一方面是审核通过的文章会及时推荐给订阅者，订阅者与文章的互动（包括点击、顶、收藏、转发等动作）会导致更多的推荐。另一方面，订阅的人多也能大大增加文章的阅读量。

⑤标签。文章内容是有标签的，今日头条推荐文章时会根据文章的内容打上标签，这些标签和用户身上带的标签匹配时，就容易实现较多推荐。所以也是可以在内容和标题里多次出现一些关键词，提高这些关键词热度。

⑥遵守规则，少违规违禁。

⑦发布文章的时候设置文章频道。选择了频道以后，今日头条可以帮助我们更准确地将文章分类进行机器推荐。

⑧注意发布时间。文章审核通过后短时间获得的阅读量、点击、互动越多，相应的展现也会推荐越多，就跟新浪热门微博一样，有一个瞬时转发率，所以发力也要找准时间。如何选择发布时间呢？一方面可以根据公众号阅读数据做统计，另一方面根据移动互联网用户的一个普遍阅读时间段做参考。

⑨文章有很好的质量。这一点是决胜的关键,自媒体能不能做到最后,还是由写作能力决定的。

(4) 玩转头条号的六个秘诀

玩转头条号,就要从其用户属性出发。

今日头条的用户主要分布在三线城市及以下,从精准流量来讲,它是一个非常好的流量池。

为什么呢?因为太高深的内容大部分人都看不懂,只有简单的谁都欣赏得了的内容,才能更多被推荐。

三四线城市的用户,文化程度不高,虽然购买力低下,但只要人头多,再小的赢利点都能无限放大。只要阅读量大,自媒体靠广告费还是可以吃饭的。

①微信爱鸡汤,头条爱故事。

微信上的内容,依赖分享带来传播,而人们的分享行为是被情绪所驱动,所以鸡汤更容易爆红。

但头条号不同,有明确所指,包含可识别信息的内容更容易被算法识别并推荐,比如包含明星、职业、地名等。

②多图少字,篇幅简短。

在社交媒体上,阅读的场景变化让碎片化内容大行其道,高清无码大图+少量文字成为无往不胜的利器。其实纵观榜单上的知名大号,内容大都是此类风格。

③热点才是王道。

社交媒体上,人们的注意力高度分散,热点作为陌生人之间的共同关注,天然具有带来注意力的磁性。无论是蹭热点也好,追热点也好,用热点做话题等都是新媒体人的必修课。而且,热点源源不断,那就是你应该去做的话题。

④专注、专业。

专注是指有明确的定位，给什么人看，关注什么领域，运营者内心必须有清晰的想法。专业是新媒体快速发展的要求，如果你不能比对手做得更好，即使在新媒体这个充满机会的行业，也照样会被淘汰。

⑤重视评论，多互动。

虽然头条号并不像微信公众号那样强调运营，但通过查看评论了解用户的心理态度，甚至主动参与评论回复，都有助于创作者写出更受欢迎的文章。

⑥有态度，有观点。

人都是有立场的，不存在一种观点被所有人都认同，因而文章只能是从你的立场出发，努力追求部分人的高度认同，即使得罪另外一部分人也在所不惜。有态度，有观点，才能有传播。

3. "毁掉无数年轻人"的抖音，聚集着巨大流量

2016年9月抖音上线。2018年6月，不到两年时间，抖音全球日活飙升至1.5亿。

抖音的增长速度无与伦比，一度成为社交媒体热烈评论的对象。有人惊呼："抖音毁了中国人！"既然抖音占据了无数年轻人的时间，自然成了一个庞大的流量池，成为社交电商行业不得不重视的焦点。

（1）抖音为何让人沉迷？

抖音设了一个局，抓住人性几方面的弱点，处处精心设计，从而让人沉迷其中。

①没有时间显示。

如果你打开抖音，会发现手机顶部的所有信息都被隐藏，包括手机时间。这样，在播放短视频时，你就无法知道现在是几点几分。

一个个短视频接踵而来，让你流连忘返，等你反应过来，几个小时已经过去了。

②全屏幕式沉入。

一打开抖音界面，短视频直接霸屏整个手机，取消了其他产品常见的条框，也相当于隐蔽了窗口。当短视频为横屏时，采用了黑色背景，近似于电影院熄灯后的密闭空间。

■ 抖音开机画面

这样一来，你的世界里，就只有抖音了。

③下滑切换短视频。

抖音的每个短视频内容间距非常近，你根本不需要做过多的动作，遇到不喜欢的视频，下滑换下一个。然而下一个内容，也是系统推送给你的。

④没有门槛，直接刺激奖励。

抖音的首页没有搜索键，一上来就是短视频。通过它高效的算法和标签，第一个推给你的视频，往往就能戳中你。比如孕妇用户，看到的第一个视频，往往是育儿的。

不需要麻烦的注册流程，也没有复杂的操作方法，直接跳出你感兴趣的短视频，一上来就给你反馈刺激。

⑤洗脑神曲，自动播放。

抖音短视频的快速爆发，催生了一批"抖音神曲"，甚至有人称之为"口水歌"。不少抖音用户肯定经历过被这些歌曲洗脑的体验，大脑不受控制地循环这些旋律，随时随地在脑海里自动播放，并且伴随着抖音里的有趣画面。

⑥无法预知的内容。

全屏设计，使得每次用户都只能看到当下的内容，只有下滑，才能看下一个短视频。

你无法准确猜到下一个视频究竟会是什么，这是让你无法自拔的重要原因。

■ 抖音

（2）新手如何玩抖音？

①准备一个手机、一张卡，注册一个抖音号。同一个手机不可切换抖音，容易引起权重的降低。一个抖音号只定位一个领域、面向一个人群；账号定位越精准、越垂直，粉丝就越精准，变现越轻松，所获得的精准流量就越多。

②设置头像、名字、签名、抖音号。设置好了就不要随意更改，否则会引起权重的降低。

③前期至少养号一周。如果找不到朋友来捧场，就自己几个号互相点赞、评论、转发。

（3）如何拍摄抖音小视频？

第一步，确定选题。

第二步，确定拍摄思路与形式。

比如，画面如何吸引人？如何让观看者停留时间更长？可以利用滤镜、美颜、特效功能，画面要够美观。

第三步，选择拍摄工具。

结合可以帮助拍摄的工具如拍摄支架、闪光灯等，充分利用内置相机的自带功能速度、倒计时、慢动作等特效，需原创、无水印。

第四步，拍摄完成，编辑视频。

利用不同风格背景音乐打造视频风格，安卓版抖音可本地上传音乐。充分利用动作、倒流、反复等特效。选择视频里比较精彩的部分作为封面。

第五步，发布视频。

视频发布时间结合定位、人群刷抖音的习惯。标题不宜过长，简明扼要，加入悬念、反问等。选择最精彩的画面作为封面，吸引观看。对于粉丝的评论、私信，要积极回复，被翻牌的粉丝有可能成为忠实粉。

（4）什么样的内容在抖音容易火？

千言万语汇成一句话：和生活相关的美好瞬间。

比如高颜值的帅哥美女，戏精，会唱歌、弹琴的才艺高手，技能教学（包括厨艺），创意特效，女扮男装，萌娃、萌宠，美景分享，卡通动漫，真实感人的视频故事、人物瞬间。

（5）怎么在抖音上做买卖？

抖音账号定位越清晰，在运营抖音号的时候才会越轻松，涨粉则更容易，引流的效果就更好，那么在抖音变现的时候也会更加简单。

很多人关心这样的问题：怎么在抖音上做高端水果微商？招代理还是直接卖货？该怎么操作？

其实，抖音获客有三个有效方法：

①产品需求分解图。

②结合产品的特点参与热门挑战，快速跟进热点。

③重视品牌打造，打造IP，培养达人。

高端水果无论是直营模式还是代理模式，在抖音上都已经有人做了，他们有两种风格。

①发一些大家不常见的稀罕水果，要大家猜这种水果的名字。这种内容很容易引起讨论，从评论这个数据的维度上推高视频的展现权重。

②发水果拼盘的做法教程。由于视频质量很高，这类视频很容易被关注、点赞和转发收藏，从点赞、转发、关注这3个数据维度推高视频的展现权重。

其实，只要你有足够多的粉丝，就不愁产品卖不出去，哪怕没有产品，粉丝自身也可以直接变现，因此还是应验了那句互联网公式：流量=金钱。

（6）如何搬运不会被投诉？

笔者鼓励你原创。搬运也挺累人的，不如把精力放在研究怎么做好原创上。

有一种可行的搬运方法，那就是寻找图文素材，将其拍摄成视频，也可以把别人的视频内容改编成图文解说的形式。

如果不小心被投诉，要诚恳道歉，删除视频。

（7）做抖音需要多少人，怎么配置比较合理？

这是自媒体时代，少的话一个人也行，多的话多多益善。

若按标准配置的话，一个负责IP形象，一个负责内容策划，一个拍摄，一个后期，一个对接外部资源。如果有多面手，人员可以缩减。如果是团队或者公司，要看操盘手怎么配置。

（8）抖音推荐有什么算法和规则？

高质量的视频内容是获得推荐流量的唯一途径。

高质量的视频内容指的是有创意，紧跟热点，拍摄效果、画质、演技好，符合平台规范。

个性化推荐的算法是不断演化的，抖音推荐逻辑有3个关键词：基础流量、叠加推荐、时间效应。

4. 如何玩转悟空问答？

悟空问答之前是叫头条问答，2017年6月改为悟空问答。悟空问答对外宣传的使命是，增长人类世界的知识总量，消除信息不平等，促进人与人的相互理解。

悟空问答背靠今日头条这个拥有数亿用户的平台，并且头条从各大平台挖来大量大V，所以不用担心其流量问题。

■ 悟空问答网页版

（1）如何注册悟空问答账号？

在进行账号注册的时候需要注意，头条的账号分成普通的读者账号和作者账号。读者账号是一般普通用户使用的，作者账号才具有权限。

在注册的时候，需要选择你的问答领域。需要根据你的自身情况和你决定输出的内容，进行一个精准定位，这样才有利于日后引流你的精准粉丝。

头条号的作者账号和悟空问答的账号是通用的，有条件的可以多注册几个。

■ 悟空问答App

（2）问答内容如何获得推荐？

回答的问题只有获得首页推荐，才有可能成为爆文。所以，想要得到推荐，我们首先要了解平台问答的规则。

进入首页的规则如下：文字阐述没有违规行为、阐述内容段落层次分明、以自我经验为对象描述、有具体的数据作为支撑、图文搭配跟其内容相关。

满足以上5个标准中的任意三种，能够被推荐进入首页的概率在80%以上。

每个人的知识有限，可能你所知道的东西不是很多，大家可以去别的平台进行资源整合，比如去知乎、百度知道，将别人的问题复制去搜索，多挑选几个答案，然后进行总结。

（3）问答有什么技巧？

①选择擅长的领域。做擅长的领域，写出走心回答，你的答案才会被感兴趣的人阅读点赞，推荐机制才会觉得你的回答受欢迎，就会推给更多的人。

问答平台都希望呈现给用户的答案是最专业的，所以在回答问题的时候，领域不要太过分散，要专一，要包装自己，将自己打造成为专业人士，这样你回答的可信度才会更高。

持续、专注地在自己最擅长的领域内回答问题有助于涨粉，也容易长期得到大量的推荐。

②回答尽量简单明了，通俗易懂，回答的字数要在500字以上，答案最好条理化，让别人看得清晰明了，并且要详细一些，再配上3至4张图片，图片如果配好了，就会吸引更多的流量。回答时尽量以真实的口吻去分析或分享

经验，有个人特色的回答会获得更多阅读量。

③选择一些热门问题。可以去找一些比较热门的问题，或者一些问题提出来了，浏览的人数很多但很少有人回答的问题。过时的热点问题就不要回答了，回答了也不会被推荐。

④若没有自己擅长的问题，也可以自问自答。先用小号，提出多个有意思的热点问题，选择用户关注度高的回复。

（4）如何利用悟空问答进行引流操作？

在答案里留下自己的联系方式，要十分隐晦，比如用谐音法，也可以在图片里面打上水印，印上你的联系方式，引流到你的公众号或者头条号。

还可以利用小号自问自答的模式，留下你的联系方式。

十、垂直 App 也是不可忽视的流量池

在别人遗忘的每一个角落，你都可能找到自己的金矿。

——西东

1.58同城引流方法详解

58同城成立于2005年,也算是一家比较老的互联网公司了。它定位于本地社区及免费分类信息服务,帮助人们解决生活和工作所遇到的难题。

58同城的服务覆盖生活的各个领域,包括房屋租售、招聘求职、二手买卖、汽车租售、宠物票务、餐饮娱乐、旅游交友等多种生活信息,覆盖中国所有大中城市,对于社交电商甚至电商行业来说,都是一个很好的引流渠道。

■ 58同城

(1)基本操作

第一步,在58同城上先注册一个账号。因为58同城注册的时候可以使用手机卡注册,所以建议用一张新的手机卡,58同城会自动绑定这个手机的号码。

注册完之后,直接把手机卡取下来,这样别人在打你电话的时候就会打不通,那么他一定会主动来添加你的微信。前提是,你这个手机号必须和微信绑定。

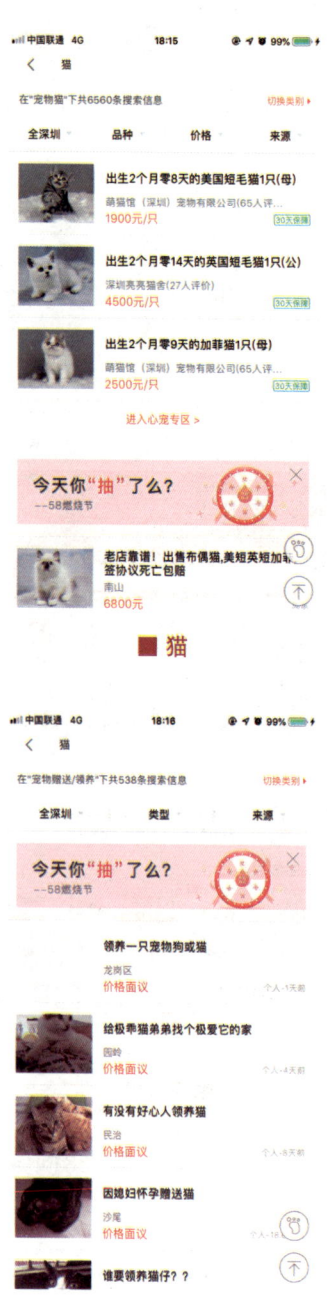

在58同城，有两个地方可以发布信息，第一个在宠物赠送与领养这一栏，一旦发布如有人打电话给你，一定要让他打不通，这样他才会去加你的微信。

（2）宠物引流

发布宠物类的信息是引流的一种极好方法。

笔者曾经收养了一只猫，后来感觉精力不济，就想找个好心人收留它，于是在网上发帖，一两天就有几十人加好友询问。

当然，我们不是每天都有猫狗要转让。你可以收集一部分宠物狗的资料和视频，比如你训练狗上厕所，或者宠物犬美容，或者怎样让你的狗很安静不随便叫，或者30种狗狗的常见病……把这些资料打包发到云盘上面，然后去分享。

这种鱼饵可以吸引很多人，引流效果很好。

提醒一下，不能为了引流而引流，要真的去准备，去收集资料，不能骗人，因为以后还要卖货给人家。在软文里面答应送给人家，就肯定要送，而且送给人家的东西越有效越好，这样你就和人家建立了一个最基本的信任，对方就会感激你，然后要是卖货就更容易了。如果你答应送给人家却没有送的话，那你就别想把货卖给人家了。

2. 陌陌养号和引流攻略

陌陌（MOMO）曾经是陌生人社交的代名词，在2014年左右一度火爆异常。

其实陌陌推出于2011年，是一款基于地理位置的开放式移动视频社交应用。据其官方说法，陌陌的愿景是希望人们通过移动互联网，发现身边的美好与新奇，让人们连接原本该连接的人。

在陌陌上，你可以通过视频、文字、语音、图片来展示自己，基于地理位置发现附近的人，建立真实、有效、健康的社交关系。既然陌陌帮助人们建立社交关系，自然也是社交电商的一个很好的流量池。

在陌陌上引流之前，必须打好基础，那就是必须先养号，没有账号一切都是空谈，只有养好号之后才能进行引流，为你创造收入。

■ 陌陌

（1）如何注册陌陌账号？

现在好多号刚一注册上就会被直接封掉，究其原因是因为注册不合格。注册最好使用手机号注册，在进入注册页面时，一定要选择好人物头像，不要选一些太夸张的，也不要在百度上找图片来作为头像，那些都被别人使用过好多次了，你再使用不被封号才怪。

头像尽量用素颜图，就算不太漂亮的照片也可以使用，人无完人，有时候有一些瑕疵才会显得更加真实。昵称也需要注意一下，一个好的昵称固然会让别人注意你,但是也会让系统注意你,昵称也是衡量一个账号是不是正常用户的标准。

注册资料的完善度从50%到100%都属于正常,最好控制在70%左右。

(2) 如何养号?

前期养号比较简单。几个不同的号在附近的人中互加好友,或者主动去与别人打招呼、聊天。

聊天的时候要注意,千万不要主动让别人加微信,如果对方问你微信,你再回复他。

聊天的话术也不要一直发一样的,切记不要使用机器人软件,要手动聊天。加入几个陌陌群,在群里没事出来互动一下,增加你的存在感,群里的人以后都可以成为你的流量。点开一些陌陌直播看看,关注一个主播。

(3) 如何引流?

按照上面的流程,一般半个月左右就可以出号了。后台的监管也会松一些。采用手动引流的方式,一个人10台手机,10个号,一天可以产出150至200左右的量。

站街时,要尽量避免同一个城市好几个号,距离要放远点儿。不要频繁刷新附近的人,每天刷新5次左右效果最好。每次刷新时可以稍微换一下位置,3000米以内为最佳。

引流时话术不要一直复制粘贴,系统后台直接就封号。

与对方聊天时一定要掌握主动,不要一直跟着对方的节奏走。要把对方带入到你的节奏中。

在陌陌群组中拉人一定要先刷新自己的活跃度之后再拉,有了存在感之后拉人就很容易了。

点点，每天点80次左右就可以了。匹配后与对方聊天，引流。

还有一种引流方式，就是陌陌朋友圈晒图。这样更加真实，潜移默化中就把自己想要引流的微信号给透露出去了。引流效果非常好，也不容易被封号。

■ 在陌陌发布动态

3. 如何用探探引流？

顾名思义，探探也是主打陌生人社交。

其实，早年的QQ也为陌生人社交提供了很多便利。探探的创始人就属于QQ的早期用户。很多70后、80后通过QQ认识了多年好友，更有很多人网恋成功。十几年后，QQ慢慢淡出了陌生人社交领域。

据说，创建探探的初心，是为了"向曾经的网恋致敬"。探探通过建立一个浪漫纯净安全的平台，让年轻人重新体验到网恋的美好，让人与人之间的相遇充满惊喜和不确定。

在探探，女生不会受到骚扰。除非双方互相喜欢，否则男用户无法给女用户发送任何消息。只有女用户选中的"喜欢的人"，才能开启聊天功能。

探探的引流思路很简单，基于探探附近的人，大量自动匹配，匹配后就能聊天，再自动发送话术，引流到微信，比如"加微信聊吧，方便点儿"。

■ 探探

详细操作步骤是怎样的呢？

首先，注册探探号，用手机即可注册。

如果手机号码注册过探探，直接选择重置密码后即可使用。注意保存随机获取的号码（即账号），下次若重新登录需要用到。

其次，若是引流男粉丝，性别设置需为女性，并注意设置好头像、相册。

再次，用模拟器设置好虚拟定位点。可以设置不同的定位点，或者同一个号隔段时间后换一个定位点（不能太频繁，也不能相隔太远，建议10公里内切换）。当然，定位点一定是选择人流量大且人群活跃的地方，比如，车站、大学、商超、街市等。

当然，你也可以选择开通探探VIP，添加多个漫游位置。同理，间隔时间需切换。

最后，打开探探引流脚本，设置好运行参数和聊天话术，自动挂机执行。

在实践中可以发现，一个新注册的小号，匹配一小时，就有700多个喜欢的已经聊上，后续可用话术引流到微信中。

4. 如何用闲鱼引流？

随着互联网的普及，网购早已成为很多人生活中离不开的一种购物方式。很多网民在各种"双十一"、"双十二"、年中大促等网络促销中疯狂消费，买回来的东西也有不少是不合适的。闲置太浪费，但是又不适合自己和家人，已经使用或拆封送给朋友也不太好。应该怎么处理呢？

于是，"闲鱼""转转"等二手交易平台应运而生。

闲鱼是阿里巴巴旗下闲置交易平台App客户端。会员只要使用淘宝或支付宝账户登录，无须经过复杂的开店流程，即可达成包括一键转卖个人淘宝账号中"已买到宝贝"、自主手机拍照上传二手闲置物品、以及在线交易等诸多功能，让闲置的宝贝找到天南海北的新主人。

"闲鱼"号称是国内最大的二手交易平台，也是段子手最多的二手交易平台。

闲鱼的社交属性十分明显，首当其冲的便是"鱼塘"功能。与贴吧、QQ部落相似，鱼塘是兴趣圈子，流量集中。

除了根据兴趣排列的鱼塘，还有依据地理位置划分的鱼塘。

如何引流呢？

从热门的鱼塘、目标客户所在的鱼塘、附近的鱼塘发布需求，就会有很多人来加你。

为啥说现在的闲鱼是段子手平台呢？

因为闲鱼现在不是那么严肃，有卖手绘八骏图、会喷火的宠物、路边捡的石头……有的其实是故意来搞笑的，但发布商品的点赞量达到成百上千。

引流广告可以到设置里去留，写到个人简介里，或者背景图里。如果别人对你感兴趣，他就会点你的头像，那么就能看到你的联系方式。在鱼塘里面发点儿有意思的东西，随便可以搞到几千的流量，每天被动引流几十人不成问题。你还可以给其他卖家发布宝贝留言，其他人都能看到你，点开你头像看资料的概率也是较高的。

引流还有一种方法：发布性价比超高的产品，写上不包邮（避免很多人直接拍下），然后用小号在下面回复："东西还在吗，联系方式多少？"

你再用大号回答："徽信电话同号，1858902****"，用安徽的徽字代替微信的微,这样能避开闲鱼的限制,因为你东西很便宜,所以很多人都会主动加你。

有一个卖家,宝贝描述上写着让买家自己出价,直接留言给她,谁出价高东西就是谁的,三天内有效。结果,很多人给她留言、点赞。

以上说的这些是为了引流,当然你在闲鱼真的卖东西也能赚钱,月赚一两万的也大有人在,这里就不深入探讨了。

5. 如何用转转卖货?

闲置交易这个市场早已成为刚需,所以仅有一个闲鱼是不够的,还有转转。

转转是由腾讯与58集团共同投资,为海量用户提供一个有担保、便捷的二手交易平台。转转二手交易网,号称是一个把家里不用的东西卖了变成钱,一个帮你赚钱的网站。

这种垂直性的App是很好的流量池,其好处在于,无须囤货,无须装修店铺,更不用去引流,利用平台自然流量就可以。

(1)基本操作

①手机应用市场上,搜索并下载安装"转转"。

②打开软件,用微信号授权登录,进行实人认证,真实身份会提升二手物品交易中的信任值。

■ 在App Store上,搜索并下载安装"转转"

③直接发布宝贝。添加宝贝图片、宝贝标题和描述，选择分类和价格，直接发布。

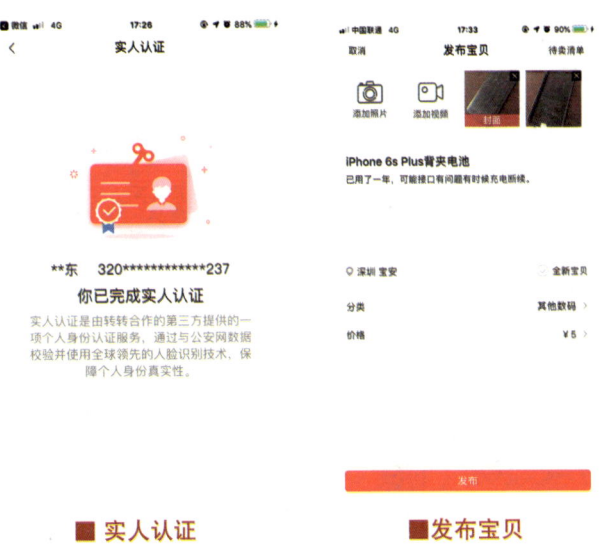

■ 实人认证　　　　　　■ 发布宝贝

（2）加入圈子

了解一个平台需要一些耐心，转转和闲鱼有些类似的地方是都有圈子，你可以加入到你卖产品的圈子里，发布产品，在圈子里多交流经验，这些都能够为你带来客源。

在转转平台上转卖商品，一定要耐下性子，只发布一两件商品肯定是不行的，目前比较受欢迎的门类有母婴产品、电子产品、家居用品等。

做转转的心得是，价格合适，让用户占到便宜，你就能出单。

能出单就能得到更多流量。转转的引流思路跟闲鱼差不多，这里就不赘述了。

第四部分

十一、活动运营

距离已经消失,要么创新,要么死亡。

——托马斯·彼得斯

第四部分 运 营

1. 用户心里究竟在想什么？

早期的互联网行业，都是用不断砸钱的方式做活动运营，用蝇头小利吸引用户。难道参加我们活动的用户全部都是唯利是图的吗？

其实我们每个人都是用户，我们选择一款产品，真的是贪图那点儿利益吗？

我们先来看看这几个场景：

平时微信运动步数超过10000，你就会截图发朋友圈，某一天你居然走了30000步，你会做什么？

玩王者荣耀的时候你拿了五杀，你会做什么？

和闺蜜开了个派对，你会做什么？

"双十一"商品五折，你剁手，"双十二"时依旧是五折，你会不会继续剁手？

（1）自恋满足感

从运动步数中，我们可以看到用户有自恋满足的心理。

什么叫自恋满足？"自恋"这个词并不是贬义

■ 傍晚时分，就有多人走完了10000步

词，从心理学上看它更像是一个中性词，甚至是褒义词。

英文中的"自恋"（Narcissism）一词源于希腊神话中的纳西索斯（Narcissus）。

古希腊有这样一则神话故事：

容貌俊美的纳西索斯是一位想要寻找真爱的长相迷人的年轻人。有一天，他口渴了，偶遇一汪清泉，水面清澈如同银盘，他心中十分欢喜。正当他弯腰想要喝水解渴之时，不经意间瞧见了自己在水中的倒影。"我的天哪！人间竟有如此沉鱼落雁、闭月羞花之容……"他狂喜地凝视着自己的倒影，茶饭不思。最终，这位美男子离开了世界，变成了一朵水仙花。

此后，水仙花变成了自恋的象征。这就是一个由自恋引发的悲剧——纳西索斯被自我欣赏所禁锢，无法与自我以外的其他人建立联系。这则神话也映射出了真实生活的情况——自恋可能会带来最严重的后果。

其实，每个人都或多或少有自恋倾向——小到对一枚指甲的专心修饰，大到爱自己而不能与另外的人相爱。自恋者自我欣赏，又很在乎别人是否关注自己，并且期望得到别人的认同或赞美。

但如果自恋过度，别人就会觉得你是精神病。

曾经有个年轻人因违规被交警扣车，他说自己是某外星球的王子，如果交警敢扣车，他就要毁灭地球，这就属于过度自恋。

从微信运动步数这一场景中，我们可以看出用户其实是有自恋满足心理的，活动运营可以针对用户这一心理展开，让用户觉得自己很棒。

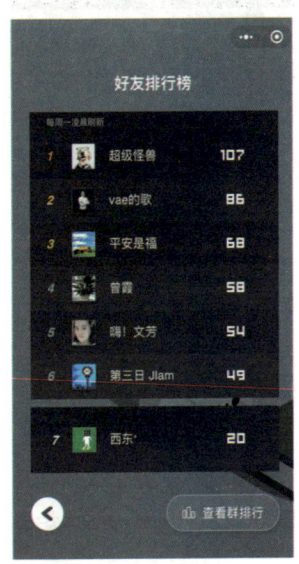

■ 跳一跳好友排行榜

（2）争强好胜

为什么有那么多人喜欢玩王者荣耀？因为这款游戏具备攻击性，这是人类本来就具有的喜欢战胜别人的特性。

微信小游戏"跳一跳"为什么火爆？原因之一就在于"跳一跳"具有挑战性。挑战性是游戏的本质，也是吸引人的法宝。游戏虽然玩法简单，但稍有不慎就容易游戏结束，结束后得从头再来。朋友圈中的游戏排行榜吸引大家彼此挑战和超越，每个星期的成绩更新让大家玩兴更浓。

所以，活动运营该做的事情之一就是，刺激用户的好胜心，满足其挑战心理。

（3）渴望关系

在活动运营过程中，你需要用户将你的活动分享出去。用户一定是将活动分享给他的朋友。提到朋友，必定会涉及"关系"这个词。关系在活动中是比较重要的因素，需要我们去强化它，因为你的朋友会帮你放大你自己的好，转化你承受不了的坏。

我们回到微信运动这个场景，当你某日走了个30000步，内心已经开始自恋，你的朋友还过来夸你，你是不是觉得自己更厉害了？

当你遇到不开心的事情，你会去找朋友倾诉，你将内心的不愉快说出来，便觉得自己其实已经放下了。

睡前刷手机，在某种程度上，也是想跟外界保持一定的链接，以此回避内心的孤独。

失眠的人拼命睁着眼睛，当你盯着任何事情时，都貌似建立了一个关系，哪怕是很无聊的关系。

孤独比死亡更可怕。关系真的很重要。

（4）占到便宜

"双十一""双十二"，各大行业都在发力，力图让用户觉得"买到就是赚到，不买就是损失"。

黄峥说，拼多多的核心不是便宜，而是满足用户占便宜的心理。

"便宜"与"占便宜"是不一样的。价值20元的东西，20元买回来，那叫便宜；价值200元的东西，20元买回来，那叫占便宜。

中国人经常讲物美价廉，其实，真正的物美价廉几乎是不存在的，都是心理感觉的物美价廉。

消费者购买产品时不是"图便宜"，而是喜欢"占便宜"，即便消费者非常喜欢一个产品，如果不能从价格上获得便宜的感觉，他们也很难有愉悦的体验。

消费者不仅想占便宜，还希望"独占"，这就给了商家可乘之机。比如，女士在服装市场购物，在消费者不还价就不买的威胁之下，商家经常做出"妥协"："今天刚开张，图个吉利，按进货价卖给你算了！""这是最后一件，按清仓价卖给你！""马上要下班了，一分钱不赚卖给你！"这些话隐含如下信息：只有你一人享受这样的低价，便宜让你一人独占了。面对如此情况，消费者鲜有不成交的。除了独占之外，消费者并不是想买便宜的商品，而是想买占便宜的商品，这就是买赠和降价促销的关键差别。

做活动运营时，不要认为用户是唯利是图的，他们并未唯利是图，他们想要的不是便宜，而是占到便宜的感觉。

2. 满足用户的心理，用户才会分享你的活动

用户之所以会将你的东西分享出去，达到以老带新的效果，甚至是品牌

的传播，是因为你满足了用户的心理需求。在分析之前，我们再来看看用户活动分享是怎样利用了用户的心理。

（1）满足用户的自恋心理

大家可能都在朋友圈或微信群被一个智商测试的小程序刷过屏，随便点击几下后，展现给你的测试结果上写着：

你的思维方式活跃而又不失严谨，在任何时候都能做出成熟但不乏创新的决策，所以你是一个不可多得的成功者……

当你看到这则解释文案的时候，你觉得真准，完完整整地将你描述出来，所以你立马就将其分享到朋友圈。

其实，这些所谓的测试，根本没有任何算法，都是随机生成的，只需要设置几个不同结果，再加上对应的说明文案即可。

既然测试结果是随机的，用户为什么会觉得准呢？这是因为，每一个人都有自恋满足心理，当你看到很多好东西时，就会向这个结果靠拢，这个活动的运营人员就是利用了参与者的自恋满足心理。

（2）满足用户争强好胜的心

每年一度的支付宝年度账单都会刷爆朋友圈，当我们看到这张账单的时候，内心会有这样的独白："我怎么花了这么多？我怎

■ 支付宝年账单

么这么有钱？！"

支付宝的账单能够体现一个人的消费水平，消费水平又与有没赚钱本事相关，所以当用户的账单额度较高时，会更加愿意将账单分享出去。

每份账单都显示一个人全年的支出超过全国百分之多少的人，他在某某市某某区排第几名，这就是刺激用户分享的另一个重要原因——竞争。竞争的基本玩法就是比赛，而比赛结果可以用数字呈现，所以，用户心中较强的竞争意识会让用户将活动分享出去。

（3）抑制用户的自私心理

如果用户做出分享行为，受益的不是用户本身，而是别人，他可能就不怎么愿意分享。怎么办呢？那就要激发他的爱心，满足他助人的心理需求，让他感觉到自己的无私、伟大。

腾讯公益搞的"'小朋友'画廊"活动，就充分利用了用户的这个心理，使活动得到传播。

在"'小朋友'画廊"活动中，受益人是小朋友，而且在这个分享页面，我们可以看到用户视觉热区上放的是小朋友的画作，画作下边配上暖心的文案，在产品设计上，放大了别人受益这个概念。

当你分享支付宝年度账单时，你可能有所顾虑，担心父母会觉得你败家，你的朋友会觉得你是在炫富。所以用户在分享之前，会思考自己是否要分享出去。用户在对腾讯"'小朋友'画廊"活动进行分享时，他的内心没有任何压力，因为这是公益，别人会觉得他是个热心的人。

当你的活动只是满足用户的自恋满足心理，但他觉得这个活动分享出去对自己没有好处，他就不会分享出去，所以，需要给用户一个分享的机会和理由。

3. 进行活动转化要有针对性

你的产品以前单价卖2000元，现在只卖300元，用户会不会买单？有可能用户内心会觉得你这个产品太低端了，假冒伪劣，因此不敢下单。但是，"双十一""双十二"的促销活动却遭到用户哄抢，这是为什么？还是那句话，用户要的不是便宜，而是占到便宜的感觉。

（1）先将用户进行分组

在对用户进行活动运营前，先将用户进行分组，区分一下新用户、活跃用户、瞌睡用户和流失用户。

为了获取新用户，很多公司会派发试用券给新用户。说实话，这一招确实有用。

笔者曾使用中信信用卡的9积分兑换了一个月的优酷视频会员，成了优酷会员之后，就经常在优酷上观看会员专属的电影。一个月的会员结束后，有几个大片还没看完，于是笔者付费购买了优酷会员。

视频网站的会员试用，其实和活动派发试用券给用户是同一个道理。我们为用户构建一个舒适区，当用户要离开这个舒适区时，会觉得不舒服，同时，我们还要强化用户失去某一种东西的感觉。为了得到，为了减少损失感，他自然愿意掏钱买单。

对于活跃用户、瞌睡用户、流失用户，可通过活动运营的方式，给用户打上标签，再根据这些标签为用户触发活动，提高转化率。

（2）活动转化的套路

①价格锚定。

一个电动牙刷卖800元钱，你觉得贵还是便宜？

当你发现在某宝上一个电动牙刷售价仅199元，你会觉得这个800元的电动牙刷便宜吗？怕是不会。

当我告诉你，这块售价为800元的电动牙刷可以更好地保护你的牙齿，每年可节省洗牙费2000多元，节省治牙费用10000多元，而且它的售价是1800元，因为"双十一"才降到800元，你还会觉得贵吗？如果是我，我肯定立刻买买买。

②限时小额优惠券。

大多数活动都会派发一些限时的小额优惠券，这一设置的巧妙之处在于"限时"。用户的购买决策时间其实是很短的，如果无法在几秒钟内搞定你的用户，这个用户就会流失掉。

③限量买赠。

限量买赠实质上是数字游戏，以下三个活动，你会选择哪一种形式呢？

A. 原价每公里10元，现价每公里8元

B. 打车8折

C. 充100送20

这三个活动，本质上都是打八折，但是神州专车采用的是第三种活动方式，这是因为用户对数字的感知是最敏锐的，用数字可以很好地刺激到用户。

④10秒内优惠券。

用户购买决策只有十几秒，所以必须在十几秒内拿下你的用户。这时候需要给用户点儿甜头，如果是直接给用户优惠券，用户内心会纠结，因为这张优惠券来得不费吹灰之力。但当你在10秒内触发游戏给用户玩，出于游戏自带的一些属性，用户会玩得停不下来，最后再奖励一些优惠券，用户会觉得这些优惠券来得不易，要好好珍惜，此时就提高了购买转化。

（3）活动落地

活动落地其实是人加工具。整个活动的过程中，从最开始触达用户，向用户推送，再给用户打标签。通过不断地做活动，给用户打上大量标签，完成了用户分组。有了分组后，才能将各种套路使用到用户身上。

在一次性的活动中，比如腾讯的"'小朋友'画廊"活动，就算未对用户做分组，活动还是能够照常进行。但是在整个用户生命周期中，我们会对用户进行多次的活动推送，这必须借助用户分组来进行，因为你不可能对已流失的用户推送拉新活动，这就是我们说的精细化运营。

4. 如何提升线上活动参与度？

再好的活动，没人参与也是白搭。一次参与度高的线上活动，不仅可以直接带来转化，更重要的是积累了用户口碑，可谓"名利双收"。那么，如何提高线上活动的用户参与度呢？

（1）参与人数跟头等奖高低并不成正比

2018年9月，苹果公司的新手机发布以后，众多公司以送iPhoneXS、iPhone Max为噱头搞活动。如果是在几年前的话，用户收到这样的促销广告，会产生冲动，也许马上会参与活动。

但是现在这种信息太泛滥了，而且新的苹果手机对用户的吸引力也大不如前。还有，用户看到后可能会产生两个怀疑：一是怀疑活动的真实性，或中奖的概率太低；二是担心时间成本太高，需要花费很长时间才能获得奖品。用户有了这样的担心之后，就会影响活动的参与度。

其实，这种活动的奖品设置思路太过于重视头等奖，弱化了参与奖，从而导致用户参与的热情不高。

（2）奖品不值钱，用户参与度不一定低

最近几年的除夕之夜，微信的摇红包活动成了必备节目，简直跟央视春晚成了黄金搭档。

摇出来的红包大吗？不大，几分钱、几毛钱的都有，但大家却摇得不亦乐乎。

在选择活动的传播噱头时，如果有击中用户痛点或揭发人性的噱头是最好的，但是当找不到好的契合点的时候，就需要借助奖品，满足用户的情怀，奖品要契合用户心理诉求，起到锦上添花的作用，价值倒是其次。

（3）免费参与不一定是好主意

为了增加用户的参与度，许多活动经常打着免费的旗号。可是，免费不是万能的，有时候，收费反而更好。

锤子手机的创始人、子弹短信的推手罗永浩，他做英语培训的时候，曾搞过"1块钱听8次课"的活动，即前8次课只要花1块钱，如果觉得满意，再付全款继续听完剩余课程。他亲自撰写了创意广告文案："一块钱可以买什么？一枚鸡蛋，一节电池……或者到'老罗英语'听8次课。"这个营销的噱头至今还被广大的教育机构所模仿。

用户支付1块钱他根本赚不到什么，为什么他不直接宣布免费听课呢？

首先，免费参与这种形式不利于筛选优质用户，这意味着任何人都能够

参加，有一些用户会有"便宜没好货"的想法，也许会放弃参与。

其次，不利于培养用户付费的习惯，当他们习惯了免费，如果后期实行付费的话，他们也许不能接受，甚至会逃离，而当用户习惯了付费，有利于后期的正式付款。

(4) 推广周期长的活动，参与度不一定高

许多人都会有这样一个想法：活动推广的时间越长，知道的人就越多，用户的参与度就会越高。

然而，这些人同时也忽略了另一个问题：传播周期太长的话，用户就不好把握参与活动的时间，甚至忘记了这个活动。用户的新鲜感是有"保质期"的，活动时间过长，用户最终的参与度反而不高。

再者，推广的周期太长，容易错过传播的黄金时间。从信息发布到一次传播、裂变以及销声匿迹，一个传播周期最长是7天，也就是说，我们的推广周期最长不要超过7天，这也是很多活动在推出去前三天报名率最高的一个原因。

基于以上考虑，推广周期最早应该提前一周，最晚3天，最好是3至5天。把握信息传播周期，最好用两轮推广即"软+硬"相结合的方式。第一轮推广，我们可以用故事性强或好玩的段子，吊足用户的胃口，让他们很轻松接触到活动信息。到了第二轮的时候，就可以使用硬广信息，比如电商常用的打折信息等。

(5) 成功的活动，20%靠策划，80%靠执行

前面讲的都属于活动策划期的一些动作，但一场成功的线上活动，包括这几个阶段：策划期、准备期、执行期、推广期及上线期等。实现一个好的活动，一份出色且完整的活动策划方案必不可少。然而，完成了活动策划

后，活动的执行才是最重要的。否则，策划得再好，后续执行不到位，一切都只是纸上谈兵。

物料准备期很关键，包括活动方案的呈现和输出。在做活动方案时一定要详细，想得越多越好，后期执行时再根据具体的情况酌情递减。

活动执行期也非常重要，要准备三张表。第一张是物料表，把要用到的所有物料都列进去。第二张是时间计划进度表，这张表一定要包括事项名称、所要达到的要求以及事项的开始时间、结束时间、注意事项、进展情况等。第三张是人员分工表，根据计划表，确定负责人和支持人，把每个人的责任都明确化、细节化，这样可以避免出现一些意外情况。在这三张表的基础上按部就班地去执行，才能够按照固定的时间节点去完成对应的工作。

活动上线之后，一定要严格遵守、执行活动规则和活动流程，要做到公正公平公开，让用户看到活动的公平性，这样对后续的宣传是非常有利的。

最后，要做好一个活动的总结，把活动中的成功点和不足之处及时有效地进行梳理，这将对以后的活动起到很好的指导作用。

十二、用户运营

> 一个人的实质，不在于他向你显露的那一面，而在于他所不能向你显露的那一面。
>
> ——纪伯伦

1. 什么是用户运营？

假设你运营的项目是一个生态农庄。村长带着乡亲们打广告、喊喇叭，费了九牛二虎之力，把一大群游客带到了村里，然后剩下的事就交给了你。

既然人家进村了，运营的任务就是尽量留住游客，让他吃村里饭店的饭，到池塘钓鱼，住农家乐，到田野里捡鸡蛋，让他流连忘返，这叫留存。

用户运营指以用户为中心，遵循用户的需求设置运营活动与规则，制定运营战略与运营目标，严格控制实施过程与结果，以达到预期所设置的运营目标与任务。

村长的目标很简单，就是让全村人富起来，而生态农庄的价值，取决于游客人数和人均消费。类比到互联网产品的价值，则取决于用户量级和用户价值。因此，所谓用户运营，就是通过种种手段提升用户量和用户价值，最终实现产品价值的最大化。

不论是活动、内容，还是微信群、公众号、App的推送，都只是用户运营的手段之一。

用户运营是一个很烦琐的过程，运营者要有足够的耐心和细心整理用户资料和信息，产品的核心应该是解决用户的问题，了解用户需求是用户运营的核心，知道用户要什么，然后更好地为用户服务。

用户运营要知道用户从哪里来？是通过什么渠道来的？用户是谁？做好

用户画像，清楚你的用户需要什么。

2. 用户运营的实质是什么？

关于用户运营的实质，简单来说就是八个字：吸引用户，留住用户。

（1）吸引用户

吸引用户就是向目标用户展现产品的核心价值，也就是在对用户需求进行充分研究和产品价值进行提炼设计的基础上，通过一些手段实现两者的良好对接。

只有满足了用户的某项需求，用户的手指才会戳下去看个究竟。比如美食，要先满足吃货们的需求，想想自己作为一个吃货，都需要看到什么样的东西，比如免费试吃、打折优惠、发朋友圈送小菜，等等。

了解用户、发现用户，是用户运营必须做的。要了解目标用户和现有用户的用户画像，针对核心用户的特点优化产品。

（2）留住用户

在吸引用户成功使用产品的基础上，运营人员需要在前期一次次地引导用户认识到产品的核心价值和外延价值，让用户自己找到留在这里继续玩的理由，养成用户习惯，最终沉淀下来并成长为核心用户，最终能对产品有所贡献。

既然用户来了，就要想办法留住用户。用户体验很重要。现在同类的网站太多，同类的App很多，同类的服务平台也很多，每个平台都有让人不爽的地方，尽量减少让用户不爽的地方，就可能留下更多的用户。

用户留下来了，还要想办法提高用户的活跃度。为用户提供更多的服务，也让用户贡献更多的价值。因为既然已经能够直接接触用户，就要从他们身上挖掘更多信息，最了解用户想要什么的人，也会是最能不断优化产品促进迭代的人。

3. 每个人都在做用户运营

不要把运营想得特别复杂，其实我们每个人每天都在做用户运营。我们都有手机，手机上都有通讯录，都有微信朋友圈，我们每天都在维护与各种联系人之间的关系，这就是在做用户运营。

假使你开了一个微信公众号，每天晚上辛辛苦苦地写文章、排版、推送，你希望大家都来阅读、转发你的文章，有什么办法能实现？

首先定出明确指标。假如你有1000个好友，你想让1000个人都打开阅读吗？对于普通人几乎是不可能的。你可以希望阅读人数超过200人，转发超过50人。

接着进行用户细分。5%是你经常沟通的，这些人天天和你有交集，不用太关心。关键是剩下的950人怎么办？

你把950人拆分后，发现这些人关心不同的问题，他们的爱好、倾向不一样。经过进一步研究，你发现他们当中喜欢某话题的最多。

所以要改变思路，如果同时做所有人的运营，可能一个都做不好，不如专攻喜欢某话题的这一类人群。主动跟他们沟通，观察他们的留言反馈，回答他们的问题，了解这群人的想法。

如果你做了一系列行动，有的始终没回应，说明这些是沉默用户。App也是一样，用了一系列有针对性的运营手段，你发现有部分人还是无动于衷，这部分用户即将成为流失用户。流失用户不可怕，中华儿女千千万，这个不行咱就换。

朋友圈运营，是一个非常好的练习方式。

用户运营，要尊重用户的真实感受，换位思考，不要把自己的体验当成用户体验。

用户运营，要尽可能地靠近用户。离用户近一点儿，了解用户的感受，才能知道用户到底在想什么。

你是用户，但用户不是你。不能以你自己的喜好揣度用户，你自己不能代表用户，所以要搜集真实的数据。

十三、社群运营

> 人必须服从两条原则:在他身上既有需要,又有感情。智能低下或者生性软弱的人将需要看作感情;而才智超群的人则用感情所产生的奇妙效果将需要掩盖起来。
>
> ——巴尔扎克

1. 社群时代，不是你圈人，就是人圈你

我们每个人的微信起码都有好几个社群，除了你的家人群，还有同学群、同事群、行业交流群，等等。

你混了那么多的社群，有没有亲手打造一个属于自己的粉丝社群根据地呢？

如果你已经做了社群，有没有考虑到一些问题，比如，我怎么轻轻松松玩转社群？我怎么做一个帮我赚钱的社群？我怎么从社群中获取回报？

事实上，做社群是很辛苦的，要和不同的人打交道，要做内容输出、组织策划活动，等等。

考虑到投入和产出问题，个人并不推荐做免费社群，除非你的策略就是为了短期引流。

否则千万不要做免费社群，因为你的运营成本会很高，会面临很多人性挑战的问题。

付费社群有一定的门槛，可以帮你筛选掉一些人，从而优化你的社群人群和环境，这样方便你的运营管理和口碑制造。

同时，也会给你的投入带来一些回报，比如让你一年收入多个几万元，都是正常的。

2. 如何策划你的粉丝社群？

谋定而后动。做任何事情，都要先思考布局再行动。做社群也一样，最重要的是前期的策划。把局布好，再去思考怎么执行。切忌不经过策划就莽撞地推出社群，否则会给自己挖很多坑。

（1）想清楚再行动，需要思考哪些问题？

拿出一张白纸，或者在电脑上打开一个空白文档，写下这些问题：

Why：我为什么要做社群？

What：社群能带来什么价值？

Who：社群成员是一群怎样的人？

When：什么时间建立，什么时间推广？

Where：在哪里建立社群？

How：怎样执行我的社群策划？

How much：我需要多少预算？

这几个问题简称5W2H，是个很好的思考方法，不仅做社群，做其他事情也可采用。

做社群最重要的不是你能赚多少钱，而是你能给别人带来什么样的价值。

（2）如何定位你的社群？

一个社群的定位有很多维度。

规模定位：一般来说，低价值社群规模大、人数多，而高价值社群会偏向于小而美，到底是做什么规模的社群？由你的定位和最初的规划来决定。

范围定位：你是想搞大而全，还是做垂直细分？需要经过仔细思考。

价格定位：499元以下的都算是低价位社群，中段的价格在1000元左右，几千上万的属于高端社群。不建议一开始就把价格定得很高，高的话可能招不来人。

品类定位：选择什么样的领域和品类做社群？最好结合群主个人优势和人设、背书来确定。

你要想想自己擅长什么？能够搞定哪个品类？是时间管理、朋友圈运营、社群运营、微课运营，还是婚姻辅导、英语学习成长这些品类？

人群定位：人群一般是和价格相关联的，对应价格定位可以把人群购买力区分成低端小白、中端中产阶层和高端大牛。

关于定位，有四个问题值得你反复思考：

我到底要聚集一群什么样的人？

我们到底在一起要搞点儿什么样的事情？

我到底要做一个怎么样的社群？

我和同类型社群有什么不一样？

（3）建群的5个参考步骤

①找到同好。

找到同频的人，即有一些共同的兴趣爱好、三观比较相近的人一起玩。

②确定结构。

做社群，需要先把社群的结构梳理清楚。是金字塔结构，还是环形结构？

金字塔结构会将社群里的人群细分成几个不同层次的人，而所有人都需要认可群主，有利于粉丝文化打造。

然而在环形结构中，大家都是平等的，只要遵守群的玩法就行，不需要看群主。这两种结构运营的手段大不一样。

③输出价值。

你的群里面要输出一些有价值的信息，譬如有价值的讨论、分享、玩法。

④巧妙运营。

使用巧妙的营运手段，有秩序地开展社群活动。

⑤能够复制。

社群需要可持续发展，能够孵化复制出新的社群出来，甚至能够进行往上迭代。

譬如，我做了一个低价社群，那么后面可能会做的就是一个更加高阶的社群，筛选优质人群，甚至是让群里面的一些优质的小伙伴裂变出新的社群，这就是可复制。

（4）规划你的社群玩法

假如没有规律性组织活动，任何一个群都很容易变成死群。在做一个社群的时候一定要想想，接下来我这个社群会运营多久？每年、每月、每周、每日，我应该搞些什么活动？群成员应该输出什么价值的内容？群成员应该遵守哪些规则？

付费社群必须定一个进群的规则。

一般来说有四种进群规则：第一种是邀请制，适合找一些KOL来捧场，找人来撑场面，借助他们的影响力，帮你去做宣传推广；第二种是付费制，给钱进场，简单粗暴；第三种是申请制，通过问卷、邮箱、一对一私聊等形式进行筛选；第四种是审核制，一般采取自我介绍、朋友圈和一对一私聊的方式来审核。

做低价粉丝社群推荐使用付费+审核的方式进群，双管齐下会大大降低对一些不合群的人的筛选风险。翻看对方朋友圈，你就能自动分辨出谁可能是优质群友。

天有不测风云，社群运营过程中也会发生意外风险。比如，群里经常出现恶意捣乱、给你抬杠、扰乱社群秩序的人，这时候你应该怎么办？

在这里推荐几个常见的应急处理预案：

第一，如果遇到对社群不满意的问题，一定要全额退款，没必要为这点儿钱而影响了这个群。

第二，遇到恶意破坏、三观不合的人，立刻进行劝退和退款处理，避免扩大不好的口碑影响。

第三，遇到社群公关危机问题，常见处理方法是先承认事情本身，再主动道歉并发大金额红包，最后进行应急处理，说出未来的行动方案，后面改进落实，切忌说一套做一套。

3. 如何推广你的社群？

社群推广，一开始要想好策略，建议先把势能跑出去，然后再考虑赚钱变现。

（1）低价推广做势能

社群前期，找到人比赚钱更重要。所以，前期可以先低价推广，等招募到足够的人数把社群势能累积起来后再涨价。

这里的低价不是劣质低价，而是提供超值低价。也就是说，你提供的社群服务价值是高价值的，只是收费收低了。如果一开始就把价格抬高，狂赚一笔，后面就很难快速铺开。

（2）选择切合自身的推广策略

社群有几种常见的推广策略和思路。

第一种，以老带新。由社群老成员转介绍带来新用户，这种拉新的方法适合有一定势能和口碑的成熟社群。

第二种，裂变拉新。直接通过分销裂变，利益驱动，让已经进群或者外部的KOL帮忙推荐，推广者从中获取一定比例的提成。

第三种，漏斗拉新。很多社群的拉新方法是，给你讲一堂免费公开课，然后课程结束后，告诉你他们还有一个更高级的课程和社群，如果想加入，那就掏钱加入，进行漏斗转化。

不同时期，应采取不同的推广策略。一开始的时候，你没有流量、没有势能，可以使用应用裂变和漏斗拉新的方法，从中筛选出一些认可你的人。等你慢慢累积了社群的势能和口碑，你就可以慢慢抬升社群的价格，改变推广策略，通过口碑转化，以旧带新的方式来推广和转化新用户。

（3）不断地进行口碑传播转化

用户的转化，遵循一个转化公式：付费人数=流量×打开率×转化率。

如果想找到更多的付费用户，首先要找到你的流量所在地，到处撒网，比如公众号、朋友圈、直播间等，接着重点捕捞。然后，你要写一篇好的社群招募文案，文案的打开率和转化率要高。

（4）写出高转化的社群招募文案

写一篇文案之前，就要选好你的文案策略，布局文案的逻辑。

一般文案通用的套路框架是AIDA：

○吸引（Attention）：开头第一句话就应该吸引用户往下读。

○兴趣（Interest）：让用户对你所说的事情感兴趣。

○信任（Desire）：让用户相信你说的内容，真的如你所说。

○行动（Action）：引导用户去行动，买买买。

好的转化文案绝不是表面文章，背后隐藏着更有价值的东西，会让更多的用户对你长期营造的个人品牌产生的信任感买单。你要学会惯性地进行品牌传播，你做过的有价值的事情要及时传播出去，让人深刻地记住你，了解你，建立强烈的个人风格色彩。

4. 如何维持社群的活跃度？

很多社群一开始活跃，然后不活跃，然后就成了死群。如何维持社群的活跃度呢？

（1）做社群运营，要彼此赋能

如果社群管理者付出很多，却总是得不到他想要的东西，久而久之就会心灰意冷，群一旦没人管理就会变成废群。

所以，在开始策划时就要想到如何让社群发挥它的真正价值，让所有人都持续地为社群赋能，然后收获到自己想要的东西。

对于社群用户来说，他们为我提供了内容，而我也为他们提供了平台和资源，大家同时付出，彼此收获，能量得到平衡，口碑越做越好，社群就越做越大。

（2）规划社群运营人员

社群运营需要一个专门管理社群的运营小分队，其中包括四种人：核心负责人、合伙人、外包合作人、执行者。

真正参与到社群运营的人员，至少需要4个，包括群主、管理员、活动官和记录官。群主是社群的灵魂,统帅全群;群管负责维持秩序;活动官负责组织活动;记录官负责记录社群信息。

(3)社群运营人员需要管理和激励

很多运营人员是兼职的,运营人员不稳定,容易因为这样或那样的原因导致人才的流失,所以,要关心运营人员的状态和想法,给他们足够的空间和指导,该给钱就给钱,如果有特别出色的小伙伴可以选为合伙人。

当然,要掌控得住这群人,也要看核心人物的能量场够不够大,格局够不够大。

十四、社交电商引领大众创业

如果你总是为别人的看法而活,那你已经死了。

——卡洛斯·斯利姆·埃卢

1. 改变思维，拆掉脑子里的"墙"

对于传统企业来说，要改变思维，本书在第三章的《新零售，也要有新思维》一节已经做了探讨。同样，对于个人来讲，在这个急剧变化的时代，也要积极改变思维。

思维决定命运。20世纪人类有一项重大发现，就是认识到思想能控制行动。你拥有怎样的思维方式，就会怎样去行动，这也就决定了你的命运。一个人能否成功，在很大程度上，要看他的思维方法是否正确。

什么是思维？思维是人用头脑进行逻辑推导的属性、能力和过程。通常意义上的思维，涉及所有的认知或智力活动。它探索与发现事物的内部本质联系和规律性，是认识过程的高级阶段。

什么是思维方式？思维方式是人看待事物的角度、方式和方法。思考问题的根本方法，包括线性思维方式与非线性思维方式两大类型。形式逻辑是线性思维方式，对称逻辑属于非线性思维方式。思维方式对人们的言行起决定性作用。不同国籍、文化背景的人看待事物的角度、方式不同，便是思维方式的不同。

无数人被固有的思维模式禁锢着，被外界不断重复灌输的观念束缚着。改变我们的思维方式，才能拆掉思维里的"墙"。

比如，很多人认为有了房子就有了安全感。于是，多少刚步入社会的年轻人，最大的目标就是拥有一套房子。他们拼命工作，努力赚钱，能省则省。他们不敢轻易辞职，害怕变动，社交圈子越来越小，信息越来越封闭。

其实，房子带来的安全感是一种伪安全感，是传统观念，也是房地产商日复一日地舆论造势而营造出来的伪概念。

太阳东升西落，大海潮起潮落，大家都见过这些自然现象。可是，买房的人，却盼望房价永远上涨。但房价飞涨只是最近十几年的事儿，短期规律怎么可能是亘古不变的金科玉律呢？

近几年，"互联网思维"一词甚嚣尘上，被圈内外人士津津乐道。对于互联网思维的解读，可以说是众说纷纭，莫衷一是。那么，互联网思维到底是什么呢？

举个例子。有一家互联网公司，2010年才正式成立。2011年进军手机市场，第一次正式网络售卖，5分钟内卖出30万台。自创办以来，这家公司就保持了令世界惊讶的增长速度：2012年全年售出手机719万台，2013年售出手机1870万台，2014年售出手机6112万台，2015年售出手机超过7000万台，2017年全年售出手机9240万台。2018年，在中国互联网协会、工业和信息化部信息中心联合发布的2018年中国互联网企业100强榜单中，它排名第十位。

这家公司是小米。雷军说，参与感是小米成功的最大秘密。参与感，就是一种互联网思维。

笔者认同赵大伟（《互联网思维独孤九剑》一书作者）的观点，互联网思维有九大思维，包括用户思维、简约思维、极致思维、迭代思维、流量思维、社会化思维、大数据思维、平台思维和跨界思维，这值得所有行业及个人深思和领悟。

（1）用户思维

在价值链各个环节中，考虑问题时都要以用户为中心。用户思维是互联网思维中最重要的一条。只有深度理解用户才能生存。没有认同，就没有合同。

要向用户兜售参与感，让用户参与品牌传播，这叫粉丝经济。我们需要的不只是用户，更是粉丝，因为粉丝比用户更忠诚。

要提供好的用户体验。让用户感觉到细节，并且这种感知要超出用户预期，给用户带来惊喜。

（2）简约思维

移动互联网时代，用户的时间碎片化，越来越没有耐心，所以，必须在短时间内抓住用户，能一句话说清楚的就不要用两句。

简单，才能专注，才能做到极致。在写作此书的过程中，笔者把这本书当成一个产品来做，为了给读者提供最好的产品，如此付出是应该的。

（3）极致思维

要把产品、服务和用户体验做到极致，超越用户预期，打造让用户尖叫的产品。打造极致的产品，有三个方法：第一，找准用户痛点；第二，狠逼自己，发挥能力极限；第三，抓好管理。

产品就是媒体，在这个社会化媒体时代，好产品自然会形成口碑传播。

（4）迭代思维

近几年各大媒体都在提倡匠心精神，做一个工艺品，需要做到最完美才能出手，但是在互联网时代，不必做到完美才推出产品，而是要不断试错，在持续迭代中完善产品。

（5）流量思维

互联网教父凯文·凯利说："目光聚集之处，金钱必将追随。"流量的价值不必多言。

互联网产品大多用免费策略获取用户。360安全卫士，当年用免费杀毒入侵杀毒市场，一举干掉卡巴斯基、瑞星等杀毒软件，简直是免费策略的经典案例。

其实，免费是为了更好地收费。任何一个互联网产品，只要用户活跃数量达到一定程度，就会发生质变，从而带来商机或价值。若没有当年QQ的坚持，也不可能有今天的企鹅帝国。注意力经济时代，先把流量做上去，才有机会思考后面的问题，否则连生存的机会都没有。

（6）社会化思维

社会是一张网，客户是网上的一个节点，每个节点都连接着更多的节点。

微商为什么曾经火爆一时？就是因为他们发挥了社会化营销的魅力。客户不仅是社会化媒体的用户，也可以成为你的协作对象，帮助你完善产品。

（7）大数据思维

要对大数据有所认识，需要理解企业资产、关键竞争要素等概念。

用户在网络上一般会产生信息、行为、关系三个层面的数据，这些数据的沉淀，有助于企业进行预测和决策。一切皆可被数据化，小企业也要有大数据。

（8）平台思维

平台思维就是开放、共享、共赢。

全球最大的100家企业里，有60家企业的主要收入来自平台商业模式，包括苹果、谷歌等。腾讯之所以做大，就是因为在和奇虎360的"3Q大战"之后转变思维，将自己做成了一个开放的平台。微信也是一个平台，如同一个茂密的森林，各个物种都能在这个生态系统里茁壮成长。

作为我们个人或企业，当你不具备构建生态型平台实力的时候，就要学会利用现有平台。

作为老板，你要让企业成为员工的平台，让员工成为真正的"创业者"，让每个人成为自己的CEO。

（9）跨界思维

互联网的发展，让很多产业的边界变得模糊，互联网无孔不入，已经成为实体产业的"水和电"。

互联网企业一方面掌握用户数据，另一方面又具备用户思维，所以他们能够参与跨界竞争。商业领域大规模跨界打劫的时代还未结束，来不及变革的企业，必定遭遇悲惨。所以，要用互联网思维，大胆进行颠覆式创新。

与笔者同样居住在厦门的美图秀秀董事长蔡文胜说："未来属于那些传统产业里懂互联网的人，而不是那些懂互联网但不懂传统产业的人。"此言甚有道理。在未来，传统产业仍然有机会。

2. 生态产业如何利用社交电商？

（1）什么是生态产业？

自从贾跃亭鼓吹所谓的"乐视生态链"概念，生态一词似乎被玩坏了。在探讨生态产业如何利用社交电商之前，笔者认为有必要正本清源，讨论一下"生态"的本来含义。

生态一词，原本是生物学的概念，通常是指生物的生活状态，指生物在一定的自然环境下生存和发展的状态，也指生物的生理特性和生活习性。生态一词源于古希腊字，意思是指家或者我们的环境。

简单地说，生态就是指一切生物的生存状态，以及它们之间和它与环境之间环环相扣的关系。

随着"生态"一词被引用，它逐渐超越了生物学的范畴，近年来，众多互联网科技行业大佬更是喜欢将其挂在嘴边，显示自己高瞻远瞩、运筹帷幄。

当然，笔者并不否认在各个领域使用"生态"概念。比如，本书第二章探讨的微商，就已经形成了一个生态系统，供应商、操盘手、微商大咖、自媒体、物流、技术服务商等，在微商这个生态系统里各取所需，怡然自得。

生态产业不同于产业生态。产业生态是指企业与企业之间以及与环境之间关系的总和。

那么，本书所要探讨的生态产业是什么呢？

生态产业（Ecological Industry），是继经济技术开发、技术产业开发发展的第三代产业。生态产业是包含工业、农业、居民区等生态环境和生存状况的一个有机系统，通过自然生态系统发生物流和能量的转化，形成自然生态系统、人工生态系统、产业生态系统之间共生的网络。生态产业，横跨初级生产部门、次级生产部门和服务部门。

生态产业有着漫长的历史背景。

在历史上，人类经历了漫长的渔猎文明时代，然后原始农业诞生，农业文明时代到来。直到200年前的工业革命，人类才进入现代社会。工业代替农业成为社会中心产业，人类进入现代工业文明时代。

同时，工业革命促使工业技术改造农业和装备农业，使农业发展走向现代农业，实现农业技术工业化和农业产品商品化，并形成了所谓的"石油农业"，即以大量使用化肥、农药（以石油为原料生产）和使用农业机械（以石油驱动）为特征的农业。

传统农业的发展导致了植被破坏、水土流失、地力衰减等不良后果；现代农业的高投入、高成本、高污染和生产专业化与集约化的特点，一方面导致了土地污染、板结、质量退化等严重问题；另一个方面，种植的单一化，减少了物种多样性，从而削弱了农业的自然调节，且降低了农产品的安全性与营养性。

显然，以上的农业产业、工业产业与消费方式的发展是不可持续的，它们破坏了人类赖以生存的资源环境基础，可以说是人类自掘坟墓。因此，寻找一种既发展经济又保护资源环境的人地协调发展的产业模式就成为当务之急，于是生态产业应运而生。生态产业的诞生与发展必将使人类迈入一个新的社会形态，从而形成一种新的文明——生态文明。

生态产业实质上是生态工程在各产业中的应用，从而形成生态农业、生态工业、生态第三产业等生态产业体系。生态工程是为了人类社会和自然双双受益，着眼于生态系统，特别是社会—经济—自然复合生态系统的可持续发展能力的整合工程技术。促进人与自然和谐、经济与环境协调发展，从追求一维的经济增长或自然保护，走向富裕（经济与生态资产的增长与积累）、健康（人的身心健康及生态系统服务功能与代谢过程的健康）、文明（物质、精神和生态文明）三位一体的复合生态繁荣。

①生态工业。

在以蒸汽机的诞生与利用为标志的工业革命后，煤、石油、天然气、电力、核能等成为驱动力，使工业化进程不断加速。这也标志着人类利用资源的范围由农业社会主要利用地表资源发展到工业社会主要利用地下资源（矿产资源）。然而矿产资源是不可更新的资源，工业革命对社会生产力发展的作用可以大书特书，生产力的空前发展所形成的"人是万物的尺度和主宰"的观念和征服自然的人类行为，也带来了诸如资源破坏、环境污染、生态危机等全球性问题。

社会生产从自然界取得的物质中利用的仅3%至4%，而其余96%则以有毒物质和废物的形式被重新抛回自然界。工业国家每人每年要消耗大约30吨物质，其中仅有1%至1.5%变为消费品，而剩下的则成为对整个自然界极其有害的废物，即工业革命创造的巨大社会财富，是以牺牲自然资源和环境质量为代价的。因此，现实问题的严峻性和解决问题的紧迫性，要求从传统工业范式向新的工业范式过度，确立"生态工业"范式。

生态工业是指根据生态学与生态经济学原理，应用现代科学技术所建立和发展起来的一种多层次、多结构、多功能、变工业排泄物为原料、实现循环生产、集约经营管理的综合工业生产体系。

②生态农业。

生态农业是根据生态学与生态经济的原理，运用系统工程及现代科技方法组建起来的综合农业生产体系。

20世纪70年代出现的西方生态农业，主张顺应自然、保护自然、低投入，不用化肥农药，减少机械使用，不再追求农产品的数量和经济收入，排斥现代科技的应用，极力强调生态环境安全、稳定，农业生产系统良性循环。

中国生态农业从农业的持续与协调出发，充分吸收现代石油农业强调农产品数量、效益、规模，注重应用科学技术和现代化管理技术的特点，同时吸收西方生态农业在保护农业自然资源和环境，减少污染，降低化肥、农药使用等方面的优点。

③生态第三产业。

生态第三产业，就是要推行适度消费，厉行勤俭节约，反对过度消费和超前消费，变生存消费观（物质、精神消费）为发展消费观（物质、精神、生态消费），建立生态住宅。所谓生态住宅，就是符合生态要求，不污染环境，不危害人体健康的住宅。它是生态学与建筑学相结合的产物。

（2）对生态产业的认识有哪些误区？

目前，人们对生态经济的认识还存在诸多误区，比如机械地理解"发展是硬道理"，把生态与发展对立起来，认为生态是无代价的，简单地认为构建生态体系只是"投入"等。要发展生态产业，必须澄清这些误区，确立生态中心观，提高对生态经济的认知能力，同时要大力实施传统产业生态化，大力发展新兴生态产业，树立生态消费观。

要从战略高度认识生态经济。

当前环境、能源问题是困扰世界范围内经济发展的两大难题。由于受到环境、能源的约束，我国的后发优势已越来越弱，沿用传统的粗放式增长方式，我国的经济发展已经到了"增长的极限"。因此，必须转变增长方式，大力发展生态经济。

改革开放以来，我国经济取得了举世瞩目的成就，然而也付出了高昂的代价，特别表现在自然资源的超常规利用和生态环境的超常规损失。当前我国生态环境存在四方面问题：一是地表水的污染严重，七大水系水质总体为中度污染，湖泊富营养化问题突出，近岸海域水质总体为轻度污染。二是部分城市空气污染较重，重点城市未达到空气质量二级标准的城市比例较高，城市空气质量优良率天数没有很大的提高。三是农村环境问题日益突出，生活污染加剧，水源污染加重，工矿污染凸显，饮水安全存在隐患。四是森林覆盖率低，荒漠化严重。目前90％左右的草原存在不同程度的退化、沙化、盐渍化、石漠化，全国荒漠化土地面积高达263.62万平方公里，森林覆盖率只有20.36％，还未达到世界平均水平。此外，我国是国际上生物多样性受到最严重威胁的国家之一。据统计，中国的生物多样性居世界第八位，北半球第一位，但是在《濒危野生动植物种国际贸易公约》列出的640个世界性濒危物种中，中国就占156种。

伴随着生态环境的恶化，一些与环境污染相关的疾病死亡率或患病率出现了持续上升趋势，我国已进入环境污染导致健康损害高发期。

构建和谐社会、建设生态文明，必须走生态经济道路。生态文明是一种高级文明形态，是现代文明体系的基础，其核心是人与自然和谐相处。因此，建设生态文明是构建和谐社会的重要途径，而生态经济的本质要求就是要把经济发展与生态环境保护和建设有机结合起来，在合理开发利用资源和保护生态环境的基础上，实现经济系统与生态系统整体协调、良性循环，实现经济、社会、环境效益的高度统一和协调发展。因此，必须大力发展生态经济，推进建设生态文明及构建和谐社会的进程。

虽然很多地方都提出了发展生态经济的目标，进行各种规划来发展生态经济，但多数人对生态经济的内涵、概念并没有正确理解。

有人片面理解"发展是硬道理"，把生态与发展对立起来，认为发展经济必然会对生态环境造成不同程度的损害，经济发展对环境破坏保持在可接受的范围内是正常的。

其实，"发展是硬道理"而非"增长是硬道理"，发展是"健康、快速和持续的发展"，而非"简单的经济增长"或"片面的发展经济"。

有人认为生态可无限利用，不需成本。

但是，存在于自然界可用于人类社会活动的自然资源也是资本，可称为自然资本或者生态资本。同经济学意义上的要素和资本一样，生态资本同样具有稀缺性，同时也需要支付成本。生态自然资源绝不是人类自由索取、免费享用的"午餐"，生态资本是有代价的，稀缺程度越高，成本也就越高。当生态资本稀缺到极致时，人类就需要付出巨大的代价，这种代价可能是人类毁灭性的代价。因此，人类必须充分尊重生态自然资源应有的资本属性，按照生态自然规律对稀缺的生态资源进行优化配置和利用，并在经济社会活动中实现生态资本的保值增值，最大限度地维护和提升生态资源的资本功能。

还有人把生态与经济割裂开来,认为构建生态体系只是"投入",经济发展才是"产出"。

实际上,生态经济是区别于传统工业发展的一种新的经济增长模式,不是简单的生态与经济的两个概念组合。生态经济是一种低能耗、低排放、可持续发展的方式。

(3) 生态产业也能利用社交电商

生态产业涵盖的范围极其广泛,凡是符合生态学要求的产业存在形式都可以认定为生态产业。大体上可划分为以下系列:

①原生态产业:遵循生态自然生长规律形态的产业,如生态农业、生态果业、生态林业、生态旅游业等;

②低耗能低排放产业:指投入和生产工艺本身具有耗能低、温室气体排放量小等特征的产业,如节能照明、清洁能源、清洁工程项目等;

③低碳化技术产业:指为降低碳排放、吸收碳排放形成的新技术产业,如污水处理业、碳贮存技术业等;

④循环式产业:指具有循环经济特征的产业,能构成"资源—产品—再生资源"反复循环体系;

⑤生态化产品制造业:指产品在使用或消费过程中能实现节能减排等生态化目标的产业,如节能汽车产业、生物制药产业等;

⑥传统产业的生态化改造技术:为推进节能减排对传统产业进行改造,使其适应生态经济的要求。

这些产业能不能利用社交电商呢?

其实,中国所有的生意,都值得用"社交电商"再做一遍。

近年来,新的社交电商平台不断涌现,平台销量不断突破,也有新的社交电商品牌快速崛起。社交电商在整个生态产业的发展中也会有新的机会。

比如生态农业。高产、优质、高效、生态、安全的现代农业，实行粮、豆轮作，混种牧草，混合放牧，增施有机肥，采用生物防治，实行少免耕，减少化肥、农药、机械的投入等，产出优质的产品，完全可以通过社交电商平台分享给亿万家庭。近年来，一些企业创建了农村电商平台、农产品分销平台等，进行了卓有成效的尝试。

很多农特微商也做得风生水起，让全国各地的网友品尝到了隐没深山的新鲜水果。越是在水泥森林里久居，人们越向往回归农耕生活。无论脚步走多远，在人的脑海中，只有故乡的味道熟悉而顽固。徜徉在异乡的商店，不经意间瞥到故乡的原生态特产，故乡的味道就会扑面而来。移动互联网拉近了故乡与异乡的距离，在微信上轻轻点击几下，就能购买到各地的土特产，随意品尝舌尖上的中国。谁的家乡没有自己引以为傲的原生态特产？谁不想把家乡的美味推向世界，给世人分享？

生态旅游同样可以利用社交电商。各地的特色小镇、民宿、景区、餐饮往往是能够自发产生流量的，只要令顾客满意，顾客会自发分享到社交平台，从而吸引更多的顾客。各地有关部门完全可以开展针对性的活动，比如网红直播、抖音打卡等，进一步刺激、放大这种流量，实现效益最大化。

3. 赚钱的最高境界就是分钱

（1）个人的数据生态价值

每个人都是有价值的。在农业时代，你拥有土地，就是价值；你有体力、能劳动，也能创造价值。在工业时代，你拥有工厂，拥有生产资料，就是价值；你拥有劳动技能，掌握一门手艺，也能创造价值。

现在是信息时代，谁拥有数据，谁就拥有价值。

2018年9月20日，随着王兴一锤敲下，美团在香港正式上市。39岁的王兴身价超过416亿港元，稳居福建首富的宝座。当日收盘，美团的市值约4020亿港元，超过了网易、京东、小米等公司，在中国互联网股上市公司中市值次于BAT，位居第四。

美团为什么值钱？就是因为它掌握了大量用户的数据。

在上市致辞中，王兴说，美团全公司有5万多员工，全国各地有470万合作商户，小哥骑手有近60万，在美团点评花钱的人有3.4亿。在中国，每四个人就有一个人在美团上花过钱，美团点评已成为国内最大的服务业电子商务平台。

个人数据是值钱的，谁拥有的用户越多，谁就越值钱。

（2）团结的力量

个人数据价值潜力巨大，用户数据价值连城，而我们每个人时时刻刻都在产生着价值。例如关注力、信用数据、自媒体账号资源、互联网踪迹等都是个人重要的虚拟资产，以及线下的实体自媒体资源、人脉，包括社交、娱乐、购物、出行……

但是，用户数据只有集聚、叠加起来才有价值，而且集聚得越多，价值越高。分散的用户数据是没有什么价值的。

用户即使能够意识到自身数据的价值，也无法完全掌握数据的所有权。

难道我们就甘愿任人宰割，任凭寡头们利用我们的数据大发横财，默默忍受自己沦为别人的赚钱工具吗？

广大用户团结起来，完全可以从数据寡头那里分得一杯羹。众创指购应运而生,这个平台让我们每个人真正成为自己数据的主人。

(3)用个人数据来分钱、分股权

大众创业,万众创新。互联网+、社交电商,给广大有梦想的人提供了更多机遇。时势造英雄。近年来,涌现出一批将生态思维运用到社交电商的创新企业,众创指购就是其中一个杰出代表。对于写作一本《社交电商·生态思维》的书来说,众创指购毫无疑问是一个重要案例,具有重要的研究价值。"举贤不避亲",笔者作为众创指购的创始人,非常乐意将其运作模式分享给广大读者。

让我们看几个见证。

①众创指购四川成都合伙人——张世龙

我自幼酷爱美术,本科毕业,26岁就踏上了创业之路,2003年创办了自己的工作室——天师画王数码工作室。在老照片翻新行业独树一帜,获得了消费者和同行的认可,堪称老照片翻新鼻祖。

创业十几年,我虽然没有太大的成就,但也经历了不少的江湖风雨,对于各种利用手机创业的模式可谓了如指掌。

近年来,线下实体店在互联网的冲击下出现了倒闭潮,线上的电商平台遇到了流量的天花板。新零售是线上和线下融合的数据驱动模式,不管任何模式,对于我们创业者都是一个艰难的挑战。众创指购零风险的社交电商创业模式在市场上比比皆是,类似众创指购的股权激励模式在市场上也是鱼目混珠。

2017年10月,我注册了众创指购。经过系统的分析,我认为众创指购的本质是一家社交电商平台,是实实在在卖货赚钱的平台。按照现在平台创业者的惯性思维,有了好的商业模式就拿投资商的钱,然后大力投放广告换取客户数据。然而众创指购股权激励是逆向资本运营模式，用股权换取市场的消费者、推广者的大数据，可谓商业模式的一个伟大创新。众创指购的模式更加有利于消费者和推广者，让我们在消费和推广中赚到公司的股权。参与的人越多，数据就越大，公司的市值就越高，所有合伙人就赚得越多。

截至2018年10月10日，我在众创指购一共消费了62251元（含会员余额），拥有3837名下级客户，占有众创指购122356股的股权（股权是根据个人消费金额、推广客户数量、客户消费金额和赚到的返现金额由总部奖励的，而非花钱购买），我用我的消费数据和推广能力当投资人。我赚到的股权已经登记在工商局，众创指购的股权激励模式是我见过最靠谱、最系统化的平台。

②众创指购福建漳州合伙人——周志奎

我出生于上世纪70年代的一个偏僻农村，现就职于厦门一家机械制造有限公司，担任技术部经理，这是集脑力劳动与体力劳动于一身的职务。

因为我长期跟机械设备打交道，所以接触互联网也很晚。我在2017年5月份开始接触众创指购，两个月后，也就是7月11日成为认证微客。

以前虽然偶尔在网上订购过一些小商品，但没有留意太多。男人总会对某些细节稍微注重一些，因为隔三岔五就要刮胡子，所以我对剃须刀稍有关注和比较。当月月初我在众创指购商城定了把飞科剃须刀119元，价格和某猫一样都是119元，申请微客后自购还返回佣金8.33元，也就是说众创指购商城比某猫店还优惠8.33元。

在这里我也要跟大家谈谈前一段时间我家购买的一套组合沙发。商场的价钱是32000元，经过几次杀价后以31000元成交，付完款后老板微笑着就说了一句话："慢走，有空来泡茶。"其实这只是客套话，很久我都没跟他联系过。后来，我在众创指购商城看到同款沙发，最高只要21850元。经过详细比较，发现材质都是进口橡木+头层牛皮，而价格却相差9150元。

后来我想，社交电商平台真的就是这么神奇，钱原来是可以这样赚到手的。众创指购提倡用个人消费大数据换股权，我个人觉得众创指购是家伟大的公司，既能帮助消费者省钱，还能赚钱、赚股权。到2018年10月10日，我已拥有近124125股的股权。众创指购的"大众创业，万众持股"的公司理念是一个造福于广大人民群众的理念，让我们的个人数据增值，让我们简单持有高科技公司的股权，随着大数据量不断地增长，我坚信未来股权价值空间无限。

③众创指购黑龙江合伙人——李宏莉

我是国营企业会计，一辈子从事会计工作，对数据较为敏感。虽然不是网购能手，但在我女儿的指导下，我现在不止会网购，还会利用手机赚钱。

秉持中国人勤俭持家的传统，我精心经营着家庭。但我发现"节流"固然重要，而更加重要的是"开源"。由于工作的原因，我对于企业的运营财务数据有所接触，同时也在各种媒体上看到股权致富的神话。我对股权的投资致富信息都会特别关注。当你拥有了一家发展前景良好公司的股权，你的财富就会水涨船高，它就会源源不断给你带来财富！

2017年2月，我在微信群看到众创指购的宣传："购物省钱！推广赚钱、赚股权！"就立马关注了公众账号，并根据提示注册了微客。

看到了众创指购转发二维码到朋友圈赚100股的活动，我想这个也不用花钱就试试，后来股权管理部还真的给我登记了100股的股权，并指导我在众创指购的公众账号里点击"我的"，再点击"股权查询及赚股权方法"。

当我看到买东北大米还能奖励股权，就下单购买了大米。确认收货后，系统自动给我登记股权,并给我自动返现了4.79元的现金,我就把这个钱提现到我自己的微信零钱。这大米的厂家成立于1976年,是一家具有中央储备粮库资质的国营企业。我是东北人,非常熟悉大米的性价比。我通过不断测试和研究群里创业导师的宣讲,我觉得众创指购是一个不伤害人脉的好平台。

从财务上分析,众创指购把股权奖励给消费者和合伙人,比拿投资商的资金更为划算。我被这个顶层商业模式的设计深深折服,开始大力推广众创指购,自己有购物需求都优先在众创指购商城购买。股权富三代。众创指购的股权可以年年分红和增值,我在2018年的6月份已经拿到了2017年的分红。我要努力多赚点儿股权给我女儿当嫁妆。

以上三个人,仅是笔者随机从"众创指购"微信公众号摘取的几个成功案例。"众创指购"到底是什么呢?

(4)在众创指购,供应商、消费者都有股权

厦门众创指购科技股份有限公司成立于2007年,于2017年5月将股权托管到厦门两岸股权交易中心,是国家认定高新技术企业,拥有15年行业背景的互联网运营团队和42项软件著作版权,并以强大的实力和创新的企业理念获得海内外多项企业荣誉。

众创指购是社交电商平台,借助用户口碑相传形成裂变式传播,使得商品信息与品质更加透明化,增强了消费者的满意度,让消费者购物省钱,推广赚钱、赚股权。

众创指购学习华为全员持股模式,将稀释99%的股权给合伙人(消费者、推广合伙人、供应商和平台运营团队),打造中国人全民持股百亿市值的众创共享平台,不仅仅保证认证微客的短期收益(佣金和返现),也保证其长期收益(股权)。

众创指购是一个社交电商综合品类平台，面向所有用户，销售各种品类的产品。关于综合品类平台对比垂直平台的优势，在本书第三章已有论述，此处不再赘述。在众创指购这个综合品类商城，目前有3万种商品，涵盖美食、服装、居家、图书等复购率高的热门品类。

众创指购是典型的社交电商平台，它通过社交平台进行运营，把顾客变成用户，把节省下来的广告费分给用户，用户推广就有钱赚。在这移动互联网的全民创业时代，获取信息赚取差价就是生意。

不仅如此，众创指购还实行实打实的股权奖励。众创指购串接大家的数据，让供应商和消费者都拥有股权，享受资本市场的红利。

让我们把时光倒流一下，如果当初马云对中国的企业家们说："我要做一个平台，各位大哥来入股，给消费者提供方便，大家的货都在这个平台销售，大家除了卖货赚钱，还能享有这个平台的股权。以后我们将引领整个零售行业。"那么在中国就不会出现"淘品牌"的字眼，那么各个品牌就不必要自建商城，那么就没有孙正义什么事，那么有多少中国人可以持有阿里巴巴的股权……

漳州市华壶茶叶股份有限公司专注于生态农家茶，拥有自己的生态茶园和自主品牌。华壶茶叶董事长赖文渊在朋友圈看到众创指购的宣传后，召集公司高层对众创指购推出供应商持股的商业模式进行分析，总结出几点：

A. 众创指购一个类目只招三个供应商，先到先得。这样既避免了同行的恶性竞争，同时还能享受多类目的客户资源。

B. 在众创指购不需要推广费用、运营团队，有利于公司的成本控制。现在的互联网推广费用真的是深不可测，老司机都经常翻车。

C. 众创指购的货款结算方式简单、快捷，资金周转效率更高。

D. 复购率是考量一个零售业的重要指标，我们的生态农家茶复购率相对较高，但也有流失。众创指购全民持股模式大大提高了复购率，因为这个平台不仅是众创指购的，也是消费者的，简单说，当你拥有一个平台的股权，在同等性价比的情况下，你一定会优先选择自己的平台购买。

E. 现在传统电商线上的流量已经抵达天花板，引流成本高，社交电商的模式是聚合了广大人民群众零边际成本的流量资源，是未来的发展趋势。

F. 供应商持有股权是众创指购一大亮点，供应商在销售自己公司产品的同时，还能持有众创指购平台的公司股权，享受公司的年度分红和股权增值。

G. 无须入驻费用，流程便捷。只要拥有众创指购平台一万股的激励股权，就能获得一名入驻名额。

H. 自己消费、发展客户还能赚钱、赚股权。我生活的必需品都在众创指购商城购买，也考虑将我们的客户资源适当导入到众创指购，赚到更多的股权。

I. 对比其他平台，在众创指购卖货，只需要做好商品数据包和发货就可以。

J. 在众创指购充值的钱可以不限时间购物，申请微客返现后价格有优势，还有股权奖励，抢占众创指购的入驻名额，增加了品牌的曝光量，是一个值得大力推进的项目。

入驻前期，赖董事长在众创指购的公众账号中点击"我的"，再点击"股权查询及赚股权方法"，参与了各种免费赚股权的活动。同时，用赚股权最快的方法，在众创指购充值了3万元（充值在会员余额，可不受时间限制地在众创指购消费），获得返现1200元。一共赚到10100股的股权。

■ 华壶茶叶　董事长赖文渊股权截图

他的推荐人,也就是赖董的上级合伙人直接赚到了1500元的推广佣金。以后赖董的每一次消费(除了会员余额支付外),作为他的上级都能赚到钱和股权。

随着众创指购第四轮估值启动,激励股权翻倍奖励。众创指购2016年10月市值5000万,2017年1月市值2.388亿,2017年7月市值4.06亿,2017年12月市值10.08亿元。众创指购拿出5亿股权奖励合伙人。

股权奖励的目的是什么?就是我们共同的大数据价值。5亿股权奖励完毕后,将会产生巨大的大数据价值。当众创指购的5亿股权奖励完毕后,预计市值将在100亿以上。

在这大数据的时代,你的数据给了其他平台,只能当消费者。给了众创指购,你能当股东,能享受公司市值增长收益,能享受公司年度利润分红,自己购物能省钱,推广能赚钱,赚股权。

(5)如何加盟众创指购?

众创指购这家社交电商平台,借助用户口碑相传形成裂变式传播,商品信息和服务品质透明,提高了消费者满意度,让消费者购物省钱,推广赚钱、赚股权。

更多关于"众创指购"的知识和动态,可以进入"众创指购"的微信公众号学习。

下面以华为手机为例,演示如何在微信上搜索到"众创指购"公众号。

第四部分 运 营

■ 在微信首页上方的搜索栏输入"众创指购"

■ 点击"搜索"之后,出现了"众创指购"公众号

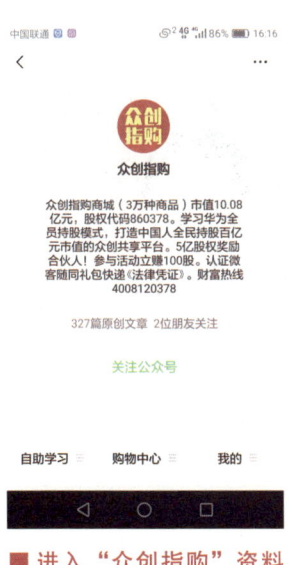

■ 进入"众创指购"资料页,点击"关注公众号"

■ 进入公众号,即可了解更多关于"众创指购"的详情

237

4. 众创指购部分合伙人寄语

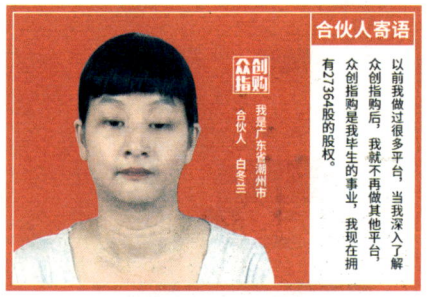

合伙人寄语

我是广东省潮州市 合伙人 白冬兰

以前我做过很多平台，当我深入了解众创指购后，我就不再做其他平台，众创指购是我毕生的事业，我现在拥有27364股的股权。

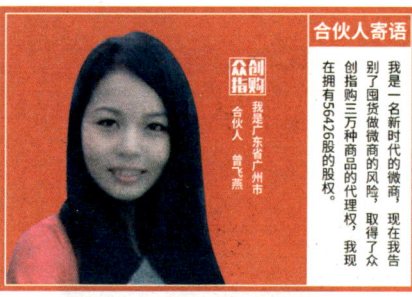

合伙人寄语

我是广东省广州市 合伙人 曾飞燕

我是一名新时代的微商，现在我告别了囤货做微商的风险，取得了众创指购三万种商品的代理权，我现在拥有56426股的股权。

合伙人寄语

我是福建省福清市 合伙人 陈品亮

谋生靠出售资源（打工）赚钱靠配置资源（开公司）暴富靠掌握资本（上市当股东）我现在拥有80259股的股权

合伙人寄语

我是辽宁省沈阳市 合伙人 陈铁

我拥有众创指购79600股的股权，旗下已经拥有308多个直接客户，一起来众创指购建立管道收入，一起为众创指购股权增值做贡献。

第四部分 运营

合伙人寄语

众创指购

我是黑龙江哈尔滨市
合伙人 初金华

众创指购是一个实实在在的社交电商平台,不是骗人的资金盘,不是那些你自己都搞不懂的币圈。我非常感谢我的推荐人。
我现在拥有81841股的股权。

合伙人寄语

众创指购

我是浙江省嘉兴市
合伙人 范平山

不让中国人的消费数据红利走出国门,不让我们的大数据为境外财团牟利。我们万众一心,把我们的数据,筑成我们新的长城。
我现在拥有63361股的股权。

合伙人寄语

众创指购

我是广东省深圳市
合伙人 范山青

我充值九万,是一家香港上市公司的股东,享受过股权带来的红利。我看好众创指购的未来,众创指购必将是一家伟大的公司。
我现在拥有47500股的股权。

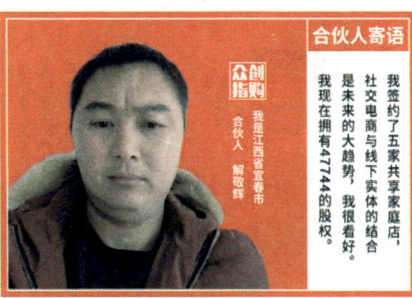

合伙人寄语

众创指购

我是江西省宜春市
合伙人 解敬辉

我签约了五家共享家庭店,社交电商与线下实体的结合是未来的大趋势,我很看好。
我现在拥有47744股的股权。

第四部分 运营

合伙人寄语

我是广东省中山市
合伙人 罗志松

大数据！分股权！花一样的钱买到更实惠的货。我用我的消费大数据获得股权奖励。当众创指购股东。我现在已经拥有15850股的股权。

合伙人寄语

我是江苏省宿迁市
合伙人 孙继飞

大众创业，万众持股。众创指购让我零风险赚钱赚股权，我要在众创指购赚到100万股的股权。我现在拥有74207股的股权。

合伙人寄语

我是新疆乌鲁木齐市
合伙人 王少华

众创指购是一家利国利民的分享经济型创新性企业。人人可参与人人可持股的大众消费购物平台。我现在拥有34735股的股权。

合伙人寄语

我是辽宁省大连市
合伙人 魏冬梅

我充值12000元，这12000元可在众创指购商城随时购物，没有消费完的余额有年化33.2%的保值收益。我在众创指购一共赚到6143股股权。

社交电商·生态思维

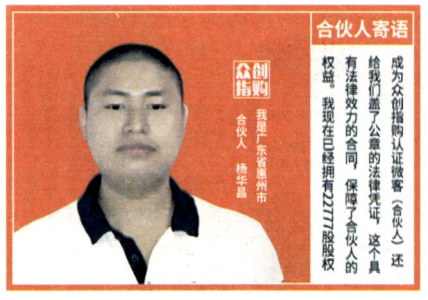

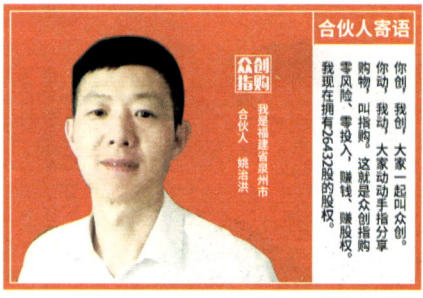

第四部分 运 营

合伙人寄语
我是北京市房山区
合伙人 于红春
人生最精彩的不是实现梦想的瞬间，而是坚持梦想的过程。我现在拥有众创指购80437股的股权。

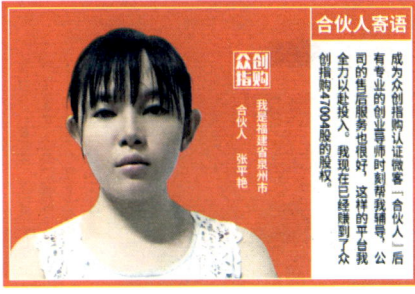

合伙人寄语
我是福建省泉州市
合伙人 张平艳
成为众创指购认证微客「合伙人」后有专业的创业导师时刻帮我辅导，公司的售后服务也根好，这样的平台我全力以赴投入。我现在已经赚到了众创指购47004股的股权。

合伙人寄语
我是四川省成都市
合伙人 张世龙
众创指购是全民持股的购物平台，是我见过最靠谱、最系统化的创业平台。我现在拥有众创指购121956股的股权。

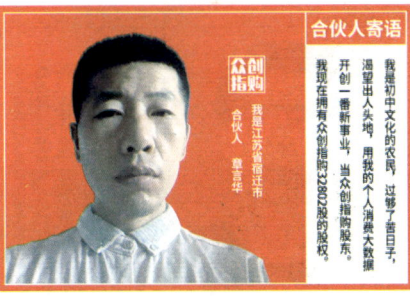

合伙人寄语
我是江苏省宿迁市
合伙人 章言华
我是初中文化的农民，过够了苦日子，渴望出人头地，用我的个人消费大数据开创一番新事业，当众创指购股东。我现在拥有众创指购32802股的股权。

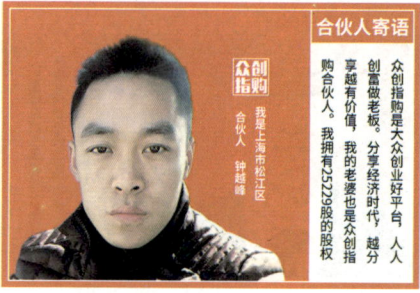

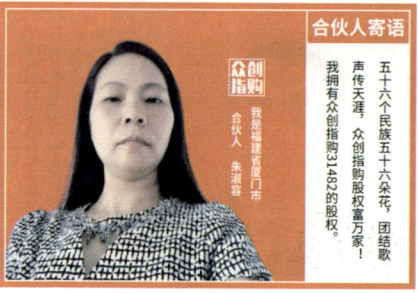

参考资料

[1]张润彤,朱晓敏.电子商务.北京：北京出版社,1999

[2]覃征,李东顺.电子商务概论.高等教育出版社,2017

[3]方美琪.电子商务概论.清华大学出版社,2009

[4]宣平文.抓住渠道演变带来的机遇.上海企业2013年第01期

[5]赵大伟.互联网思维独孤九剑.机械工业出版社,2014

[6]廖进球,吴昌南.关于生态产业发展的几点思考.当代财经2010年第12期

[7]Bowman, S & Willis, C. Wemedia: How audiences are shaping the future of news and information.Retrieved June 8, 2017. www.hypergene.net/wemedia/weblog.php?id=P42.

[8]方兴东的博客（http://fangxingdong.bokee.com）

[9]卢松松博客（http://lusongsong.com）

[10]刘晨."信息前置"：新媒体的标题为什么越写越长,https://zhuanlan.zhihu.com/p/25019608

[11]乌玛小曼.一篇长文,读懂"10万+"标题的全部套路,http://www.woshipm.com/operate/604189.html

[12]张亮.从零开始做运营.中信出版集团.2015

[13]林红瑜.抖音设局,猎云网http://www.lieyunwang.com/archives/445794

[14]UXplayer.抖音设计得如此巧妙,以至于必须把它删掉,https://www.jianshu.com/p/3edecac520bc

[15]王雅文.抖音火了,我们才看清今日头条,新榜（公众号ID：newrankcn）

[16]尹琦,肖正扬.生态产业链的概念与应用.环境科学（Chinese Journal of Enviromental Science）2002年06期

[17]廖进球,吴昌南.关于生态产业发展的几点思考.当代财经2010年第12期

[18]林嘉騋.扶贫经济与产业发展（政协委员文库）.中国文史出版社,2018